KB025076

만화의
심리학

뜻밖의 기회를 얻는
일상의  심리기술

나이토 요시히토 지음
유미진 옮김

만회의
심리학

스마트북스

뜻밖의 기회를 얻는
일상의 심리기술

만회의
심리학

초판 인쇄 2019년 10월 15일
초판 발행 2019년 10월 21일
지은이 나이토 요시히토 | **옮긴이** 유미진
펴낸이 유해룡
펴낸곳 ㈜스마트북스
출판등록 2010년 3월 5일 | 제2011-000044호
주소 서울시 마포구 월드컵북로 12길 20, 3층
편집전화 02)337-7800 | **영업전화** 02)337-7810 | **팩스** 02)337-7811
원고투고 www.smartbooks21.com/about/publication
홈페이지 www.smartbooks21.com

ISBN 979-11-90238-04-5   03320

copyright ⓒ 나이토 요시히토, 2019

DAINIINSHO DE TORIMODOSE BANKAI NO SHINRIGAKU
Copyright 2017 ⓒ by Yoshihito Naito
All rights reserved.
Original Japanese edition published in 2017 by Mainichi Shimbun Publishing Inc.
Korean translation rights arranged with Mainichi Shimbun Publishing Inc.,Tokyo
through Eric Yang Agency Co., Seoul.
Korean translation rights ⓒ 2019 by Smartbooks Publishing Co., Ltd.

이 책은 저작권법에 따라 보호받는 저작물이므로 무단 전재와 무단 복제를 금합니다.
Published by SmartBooks, Inc. Printed in Korea

표정과 말투를 바꿨을 뿐인데

알에서 막 깨어난 병아리는 맨 처음에 본 것을 어미라 생각한다. 그것이 설령 사람일지라도 제 어미라 생각하고 나중에 커서도 계속 졸졸 따라다닌다. 이를 '각인 효과'라 한다. 인간에게도 각인 효과와 비슷한 것이 있다. 이른바 '첫인상'이다.

예를 들어 처음 만난 사람에게 '성격이 나빠 보인다'는 인상을 주면 그 평가는 쉽사리 바뀌지 않는다. 특히 비즈니스 등에서는 첫인상이 매우 중요하다. 하지만 첫인상은 동물의 각인 효과와 달리 절대적이거나 운명적으로 정해지는 것이 아니다. 다시 말해 한번 형성된 인상이 절대로 바뀌지 않느냐 하면 그렇지 않다는 말이다.

우리가 생각하는 인상은 고정적이지 않다. 결혼식에서 사회자가 "신부가 말하기를 신랑의 첫인상은 아주 별로였다고 합니다"라고 말해 하객들을 웃길 때가 있다. 아무리 첫인상이 최악이었어도 이후에 어떻게 노력하느냐에 따라 얼마든지 좋은 인상으로 거듭날 수 있다.

"나는 인상이 별로인 것 같아……."

"나는 친하지 않은 사람과는 긴장해서 말을 못하고 첫인상도 안 좋아서……."

이 책은 이런 고민을 안고 있는 독자들을 위해 집필했다. 이제 나쁜 첫인상 때문에 걱정하지 않아도 된다. 노력 여하에 따라 오히려 첫인상이 좋은 사람보다 훨씬 멋진 평가를 받을 수 있을 테니 말이다.

이 책을 꼼꼼히 읽으면 설령 첫인상이 좋지 않더라도 전혀 고민할 필요가 없고, 노력에 따라 좋은 인상으로 거듭날 수 있는 기회를 얻을 수 있게 될 것이다.

무슨 일이든 생각하기 나름이다.

외모 덕분에 첫인상이 좋은 사람은 상대방의 기대치가 높아져 조금이라도 가볍게 행동하면 '그런 사람인 줄 몰랐다'며 마이너스 평가를 받기 십상이다. 반면, 까칠해 보이는 외모 탓에 첫인상이 별로인 사람은 조금이라도 친절한 행동을 하면 플러스 평가를 받기도 한다.

사교적이고 말재주가 있는 사람은 첫인상이 좋을 것이다. 하지만 가깝게 지내다 보면 '좀 가벼운 사람이군' 하고 마이너스 평가를 받는 일이 많다. 말재주가 없는 사람은 첫인상이 나쁠지 몰라도 성실한 인품이 상대방에게 전해지면 최상의 평가를 받기도 한다.

어떻게 하면 한 번 굳어진 첫인상을 뒤집어서 좋은 인상으로 거듭날 수 있을까. 그러기 위한 심리기술을 독자 여러분에게 은밀히 알려주겠다. 비즈니스는 물론이고 사적인 분야에서도 도움이 될 것이다.

PART 4 어떻게 하면 기억에 남는 사람이 될까?

PART 1

첫인상이 나빠도 괜찮아

외모가 90%란 말은 거짓말

인상의 법칙
외모보다 성격이 좌우한다.

일반적으로 첫인상은 외모로 결정되는 일이 많다. 외모가 준
수한 사람은 그렇지 않은 사람보다, 또한 날씬한 사람은 뚱뚱
한 사람보다 좋은 인상을 준다. 하지만 외모만으로 사람을 평
가하거나 모든 것이 결정되는 일은 현실 세계에서 거의 존재
하지 않는다.

　여러분은 외모가 좋다는 이유만으로 그 사람과 친하게 지낼
수 있는가. 또 잘생기고 예쁘기만 하면 그 사람과 결혼할 수
있는가.

　'아니죠, 잠깐이라도 얘기를 해봐야죠.'

'아니죠, 여러 번 만나봐야죠.'

아마 대개는 이렇게 생각할 것이다.

"외모만 괜찮다면 결혼할 수 있다!"고 대답하는 사람도 물론 있을 것이다. 하지만 상식적인 사람이라면 충분히 대화를 나누고 또 상대의 인품을 찬찬히 알아가며 결혼을 생각하지 않을까(금전 관련은 제외하고).

회사 일을 할 때도 마찬가지다. 여러분이 인사 담당자라면 이력서에 붙은 사진이 괜찮다는 이유만으로 그 사람을 채용하겠는가. 또 여러분이 회사 상사라면 잘생기고 예쁜 직원만 편애하고 못생긴 직원은 괴롭히고 혹독하게 평가하겠는가. 설마 그런 비상식적인 행동은 하지 않을 것이다.

'실제로 면접을 해보지 않고는 채용할 수 없다.'
'업무 능력을 제대로 관찰해보지 않고는 어떤 평가도 할 수 없다.'

실로 지당한 말이다.
외모가 중요하다는 것을 부정하지는 않는다.
하지만 외모만으로 모든 것이 결정되는 일은 절대로 있을 수 없다. 게다가 '외모가 90%'라는 말은 가당치 않다. 외모가 영향을 미친다면 기껏해야 10% 정도일 것이다.

　미국 노스웨스턴대학의 심리학자 버나뎃 파크Bernadette Park는 서로 처음 보는 사람을 일주일에 두 번씩, 7주일 동안 만나게 했다. 만날 때마다 서로에 대한 인상을 물어보았다. 그 결과, 인상을 결정짓는 데 가장 영향을 미친 것은 외모가 아니라 성격이었다고 한다. **외모보다 성격이 훨씬 큰 영향을 주고 있는 것이다.**

　외모에 별로 자신이 없어도 걱정할 필요가 없다. 사람의 인상은 그 사람의 성격으로 결정된다. 따라서 호감 가는 성격이 되도록 노력하는 것이 훨씬 더 중요하다.

　세상에는 외모만으로 판단하는 사람이 물론 존재하지만 그런 사람은 대개 별 볼 일 없는 사람이다. 그런 사람은 가까이 하지 않는 것이 좋다.

外모만으로 판단하는 사람은 별 볼 일 없는 사람이다. 그런 사람은 멀리하자.

인상은 외모가 아닌
표정으로 결정된다

표정의 법칙
평범해도 웃는 얼굴이 매력적이다.

'조금만 더 코가 오뚝했더라면 인상이 좋았을 텐데……'
'내가 미인이라면 모든 일이 술술 잘 풀렸을 텐데……'

이런 생각은 잘못된 생각이다. 사람의 매력은 외모로 결정
되지 않기 때문이다.

심리학에서는 '표정'을 가장 중요시한다.

미국 일리노이대학의 심리학자 킴 뮤저Kim T. Mueser에 따르
면 잘생겼지만 무표정한 사람보다 평범하게 생겼어도 항상 생
글생글 웃는 사람이 훨씬 매력적으로 평가받는다고 한다.

나는 빈말이라도 잘생겼다고 하기 힘든 얼굴이지만, 사람을 만날 때는 언제나 웃는 얼굴을 한다. 웃는 얼굴에 침 못 뱉는다는 말처럼 아무도 나에게 함부로 대하지 않는다.

이런 사례를 들어 미안하지만 대머리에다 눈은 단춧구멍만 해도 항상 친근감이 묻어나는 웃는 얼굴을 하고 있어 사람들의 사랑을 받는 연예인이 있다. 또 코미디언 중에도 뛰어난 외모의 배우나 모델, 아나운서의 마음을 사로잡아 결혼하는 사람이 있다. '외모'가 아닌 '표정'으로 사람을 평가했다는 증거다.

얼굴이 아무리 못생겼어도 걱정할 필요가 없다. 생글생글 웃는 얼굴이 훨씬 더 중요하다. 웃는 얼굴을 하면 호박 같은 얼굴이건 뻐드렁니를 하고 있건 또 얼굴에 주근깨가 덕지덕지 있건 얼마든지 보완할 수 있다.

만일 당신의 인상이 나쁘다면 그것은 외모 때문이 아니다. **웃는 표정을 짓지 않아서 인상이 나쁜 것이다.**

얼핏 봤을 때 얼굴이 못생겼어도 생글생글 웃으면서 말하면 나쁜 첫인상은 온데간데없이 사라진다. 하지만 무표정한 얼굴로 있으면 시간이 지나도 인상은 좋아지지 않는다. 한마디로, 얼굴 생김새가 아닌 무뚝뚝한 표정 때문에 인상이 나쁜 것이다.

'웃으면 안 그래도 못생긴 얼굴이 더 못생겨져서…….' 이런 쓸데없는 걱정 때문에 웃는 얼굴을 애써 감추려는 사람이 있다. 참으로 쓸데없는 걱정이다. 웃는 얼굴을 하면 얼굴이 찌그러진다고 생각할지 모르지만 조각상처럼 무표정하게 있는 것보다 훨씬 친근감 있고 매력적으로 보인다.

얼굴이 예쁜 사람보다 표정이 예쁜 사람이 인기가 있다. 심리학적으로 정말 그렇다. 남자든 여자든 항상 웃는 얼굴을 하는 사람이 좋은 인상을 준다.

외모보다
표정

point!

당신의 인상이 나쁘다면 웃고 있지 않기 때문이다. 웃으면 인상이 좋아진다.

콤플렉스가 있어도 괜찮아

콤플렉스의 법칙
콤플렉스보다 소심해지는 게 문제.

얼굴은 큰데 머리숱이 너무 적거나, 또는 머리카락이 자꾸 빠지기 시작하면 침울해하거나 자신감을 잃는 사람이 많다. 자신의 매력이 떨어졌다고 생각하기 때문이다. 하지만 그렇게 생각하는 것은 완전한 오산이다. 브루스 윌리스처럼 머리가 벗겨졌어도 매력적인 남자는 얼마든지 있다. 대머리라고 다 매력이 떨어지는 것은 아니라는 말이다.

'아니, 브루스 윌리스는 워낙 잘생긴 배우니까 예로 들면 안되지!'

이렇게 생각할지 모르겠다. 하지만 보통 사람의 매력은 거의 비슷비슷하다.

미국 이스트테네시주립대학의 심리학자 노먼 핸킨스Norman Hankins는 대머리인 남자와 그렇지 않은 남자의 매력을 비교하는 연구를 했다. '통계적으로 전혀 차이가 없다'는 뜻밖의 사실을 확인했다.

대머리라는 이유만으로 호감도가 떨어지는 것은 아니다. **콤플렉스 때문에 소심하게 행동함으로써 매력이 떨어졌을 뿐이다.** 대머리라고 해서 전혀 걱정할 필요 없다. 당당하게 있으면 된다.

한편, 키가 작은 남자는 키가 큰 남자에 비해 정말 나쁜 인상을 주는 걸까. 안심하기 바란다. 노먼 핸킨스 교수는 키에 대해서도 실증적으로 조사했다. 그리고 키도 대머리와 마찬가지로 '통계적으로는 전혀 차이가 없다'는 사실을 확인했다.

타인의 인상을 평가할 때 머리숱이 얼마나 적은지, 또 키가 얼마나 작은지는 별로 중요하지 않다. '대머리라서', 또는 '키가 작아서'라는 **콤플렉스를 가진 사람은 '어차피 난 안 돼' 하고 멋대로 생각하고는 그것을 핑계로 호감을 사려는 노력을 하지 않는다.** 그래서 시간이 지나도 좋은 인상을 주지 못하는 것이다. 인상이 좋아지지 않는 것은 노력이 부족한 탓이지 다른 이유는 없다.

다만 노먼 핸킨스의 연구에 따르면 '뚱뚱한 사람'이 '마른 사람'에 비해 나쁜 인상을 준다고 한다. 머리숱이나 키는 유전적인 영향이 커서 본인도 어쩔 도리가 없지만 뚱뚱한 것은 본인이 다이어트를 할 마음만 있으면 얼마든지 살을 뺄 수 있다. 노력 여하에 따라 인상을 바꿀 수 있다는 말이다.

콤플렉스는 날려버리고
당당하게 살자.

point!

콤플렉스는 죄가 없다. 콤플렉스 때문에 소심하게 행동하기 때문에 호감도가 떨어지는 것이다.

당장 부정적인 사고부터 버려라

자존감의 법칙
자존감은 인상에 나타난다.

외모나 용모는 신경쓰지 않아도 된다고 조언한 이유는 독자 중에 외모 때문에 심각하게 콤플렉스를 느끼는 사람이 너무 많기 때문이다. 콤플렉스를 느끼면 아무래도 자신의 매력을 어필하기 어렵다.

'어차피 난 별 볼 일 없는 사람이니까…….'

'어차피 얼굴이 이런데 누가 날 좋아하겠어.'

이렇게 자존감이 낮으면 웃는 얼굴은 고사하고 당당하게 행동하기도 힘들다. 좋은 인상은 진작 물 건너갔다.

독일 요하네스구텐베르크대학의 심리학자 미트야 바크Mitja

Back는 서로 처음 보는 대학생 73명에게 한 사람씩 앞으로 나와 간단하게 자기소개를 하게 했다. 나머지 학생들은 그 학생을 관찰하면서 매력 점수를 매겼다.

과연 매력적이라 평가받은 학생은 어떻게 자기소개를 했을까. 역시 외모가 좋은 사람이었을까. 결과는 그렇지 않았다. **생글생글 웃거나 유머를 섞어서** 자기소개를 한 사람이 매력적이라 평가받았다. 옷을 잘 입은 사람도 매력적이라는 평가를 받았으나 역시 웃는 얼굴과 제스처를 많이 쓴 사람에 비해 영향력은 크지 않았다.

역시 웃는 얼굴과 당당한 태도가 중요하다. 콤플렉스가 있는 사람은 이 두 가지 모두를 무척 어색해하고 힘들어한다. 그래서 '외모는 신경쓰지 않아도 된다'고 딱 잘라 생각하는 것이 중요하다.

외모가 좋지 않으면 첫인상이 나쁠 수 있다. 하지만 얼굴 가득 환한 웃음을 짓고 당당하게 행동하면 외모는 단숨에 뒤집을 수 있다. 이렇게만 해도 당신의 인상은 놀랄 만큼 좋아질 것이다.

웃는 얼굴로 당당하게 행동하라.

외모 영향력이 줄어드는 시대

외모의 법칙
외모에 자신이 없어도 괜찮아.

개인적인 생각이지만 1970년대만 해도 요즘처럼 몸가짐이나 복장을 신경쓰는 직장인이 많지 않았던 것 같다. 밤낮을 가리지 않고 일만 하는 사람을 '맹렬사원'이라 했고, 일만 잘하면 되지, 옷 따위는 상관없다고 여기던 시절이었다.

머리는 까치집에 수염은 덥수룩한, 지저분한 용모 때문에 첫인상이 좋지 않은 사람이 수두룩했다. 하지만 지금은 달라졌다. 거의 대부분의 사람들이 깔끔한 차림으로 다닌다. 지저분한 차림으로 다니는 사람을 찾아보기 힘들다. 요즘은 화장을 하는 남자도 많아졌다. 몸에서 좋지 않은 냄새를 풍기는 사람을 만날 일은 거의 없다시피 하다. 즉, 첫인상은 누구나 합격점을 받고도 남는다는 말이다. **외모로 타인과 차등을 두는 일은 앞으로 점점 더 어려워질 것이다.**

비즈니스 이미지 컨설턴트인 니시마쓰 마코의 《나를 표현하는 최고의 몸짓 테크닉》이라는 책에서도 똑같은 말을 하고 있다. 지극히 평범한 가게에서 구입한 지극히 평균적인 옷을 입고 지극히 평범하게 매일 샤워하고 몸을 청결히 하면, 외모만으로 차이가 나는 일은 없을 것이라고.

앞으로는 외모가 아닌 것에서 인상이 결정될 것이다. 배려하는 성품을 갖도록 노력하고 상대방을 즐겁게 해주는 대화법을 익히는 것이 훨씬 중요하다.

외모가 좋으면 쉽게 호감을 줄 수 있다는 생각은 예나 지금이나 변하지 않았다.

"어떤 사람과 사귀고 싶습니까?" 이렇게 질문을 하면 남녀 불문하고 '외모가 좋은 사람'을 첫째로 꼽는다. 그렇다면, 과연 외모가 좋다는 이유만으로 결혼한 사람이 실제로 많이 있을까? 전혀 그렇지 않다.

미국 미시간대학의 심리학자 데이비드 부스David Buss는 92쌍의 부부에게 "당신은 지금의 배우자와 어떤 이유로 결혼했습니까?"라고 물었다. 그러자 **'친절'한 마음씨에 반해 결정적**

으로 결혼을 결심하게 됐다는 대답이 가장 많았다.

　배려심과 이해심이 깊고 성격이 솔직하고 담백할수록 모두가 선망하는 결혼 상대가 된다. 외모에 자신이 없어도 다행인 시대가 찾아온 것이다.

외모로 고민할 시간에 차라리 대화법을 공부하라.

내성적이어도 괜찮아

공감력의 법칙
내성적인 성격이 나쁜 인상을 준다는 건 기우!

내성적인 성격을 콤플렉스라 생각하는 사람이 의외로 많다.
하지만 내성적인 성격을 걱정하지 않아도 된다.

사람들 앞에 서면 얼굴이 빨개지고 말을 제대로 못하는 사
람은 자신의 매력을 상대방에게 전달하기 힘들다. 그런 의미
에서는 첫인상이 좋지 않을 것이다. 하지만 부끄럼을 많이
탄다고 미움을 사지는 않는다. 너무 수다스러운 사람보다 **매
사에 절제하면서 차분하게 행동하는 사람을 선호하는 사람이
많다.** 실제로는 내성적인 사람이 좋은 인상을 주는 일이 허다
하다.

핀란드 헬싱키대학의 심리학자 마르야 칼리오푸스카Marja Kalliopuska의 연구에 따르면, 수다스러운 사람은 자신이 할 말만 생각하다 보니 상대에 대한 배려가 부족하지만, 내성적인 사람은 상대방이 자신을 어떻게 생각하는지 신경이 쓰여 필사적으로 상대방의 마음을 헤아리려고 노력하므로 자연스레 상대방에 대한 배려가 깊어진다고 한다.

또한 내성적인 사람일수록 친절하고 공감 능력이 뛰어나다고 한다. 심리학에서는 뛰어난 공감 능력을 남에게 호감을 사는 능력 가운데 하나로 생각한다.

'대인관계에서는 내성적인 성격이 나쁜 인상을 주지 않을까?'

이런 걱정은 완전한 기우다. 오히려 내성적인 성격을 신에게 감사해도 모자랄 정도다. 내성적인 사람이 호감을 살 테니 말이다. 소심하고 성격이 내성적이라 회의에서 말을 많이 하지 않는다고 그 사람을 낮게 평가하지는 않는다. 오히려 격렬하게 자기주장을 펼치며 우기는 사람들에 비해 높은 평가를 받는다.

세계 최대 온라인 여행사인 익스피디아는 나라별로 관광객을 평판하는 설문조사를 실시했다(익스피디아 베스트 투어리스트 2007). 유럽 12개국(독일, 오스트리아, 영국, 아일랜드, 노르웨이, 스위스, 덴마크, 핀란드, 이탈리아, 프랑스, 스페인, 네덜란드)의 1만

5천 명 이상의 호텔 매니저가 설문조사에 응했다. 조사 결과 매너가 좋고 예의바르며 조용하고 클레임이나 불평이 적은 나라의 사람들이 가장 환영받는 관광객으로 선정되었다. 자신의 권리만 내세우고 거만한 태도를 취한 나라의 사람들은 평판이 몹시 나빴다. 내성적인 성격이라고 미움을 받지는 않는다. 실제로는 '내성적이라서 좋다!'고 생각하는 사람이 압도적으로 많다는 사실을 꼭 기억해두자.

내성적인 사람이 호감도가 높다!

point!

내성적인 사람은 상대방의 마음을 헤아리려 노력하기에 오히려 호감도가 높아진다.

사랑이 변하듯, 인상도 변한다

첫인상의 법칙
첫인상도 얼마든지 바뀔 수 있다.

만나자마자 첫눈에 반해 사랑에 빠지는 일이 실제로 있긴 하다. 하지만 대개는 연애할 때 서로를 알아가며 조금씩 상대가 좋아지는 과정을 겪는다. 물론 좋을 때도 있고 싫을 때도 있지만 그러다 결국에는 좋아서 연애도 하고 결혼도 한다. 타인의 인상이나 평가 또한 이렇게 변하기 마련이다. 처음 만났을 때부터 인상이 좋았고 몇 개월이 지나도, 또 몇 년이 지나도 계속 변함없이 좋기만 해서 결혼했다는 사람을 거의 보지 못했다.

'상대방이 내 첫인상을 어떻게 생각할까'를 깊이 고민하지 않아도 된다. 왜냐하면 **나중에 자신이 어떻게 행동하느냐에 따라 얼마든지 인상을 바꿀 수 있기 때문이다.**

'첫인상은 끈질기게 따라다닌다. 그도 그럴 것이 나는 첫인상이 나빠서 항상 미움만 받았다.' 이렇게 생각하는 사람이 있을지 모르겠다.

하지만 그것은 인상을 바꾸려는 노력을 하지 않았기 때문이다. 상대방이 호감을 느끼거나 좋아할 만한 노력을 눈곱만큼도 하지 않았는데 어떻게 첫인상이 좋아지길 기대하겠는가. 아무리 첫인상이 나빴어도 이후에 호감을 주려고 노력하면 좋은 인상을 줄 수 있다. 한마디로 노력하지 않아서 아무것도 바뀌지 않은 것이다.

인상은 바꾸려는 마음만 있으면 본인의 노력에 따라 얼마든지 바꿀 수 있다. 이기적이고 자기애가 강한 사람은 남을 불쾌하게 하는 언행을 함으로써 호감을 얻지 못한다. 영국 서리대학의 심리학자 에리카 헤퍼Erica Hepper는 그런 사람들만 모아서 '타인에 대한 배려'를 높이는 훈련을 실시했다. 그 결과 자기뿐만 아니라 남을 생각할 줄 알게 되었고 성격이 좋아졌다고 한다. 훈련 여하에 따라 성격은 얼마든지 좋아질 수 있다.

'5분' 만에 모든 것이
결정된다는 거짓말

첫인상의 법칙
정말 5분 안에 모든 것이 결정될까?

노먼 킹Norman King이 쓴 《5분 만에 모든 것이 결정된다The First Five Minutes: The Successful Opening Moves in Business, Sales & Interviews》라는 매우 자극적인 제목의 책이 있다. '첫인상은 두 번 줄 수 없다. 그래서 좋은 첫인상을 주도록 모든 것을 걸어야 한다'는 것이 이 책의 주제다.

틀린 말은 아니지만 말이 지나친 느낌이 있다. 왜냐하면 우리의 뇌에는 무척 유연한 **가소성**이라 불리는 특징이 있기 때문이다. 일단 학습한 것이건 각인된 인상이건 그것이 한번 뇌에 새겨졌다고 뇌의 상태가 고정되지는 않는다. 좋아하던 것이 싫어지기도 하고 싫어하던 것이 좋아지기도 한다.

우리 뇌에는 그러한 유연성이 있다. 이를테면 싫어하는 음식이 식탁에 오르면 우리 뇌는 즉각 거부 반응을 보인다. 하지만 억지로라도 잠시 그 음식을 먹다 보면 어느새 뇌는 거부 반응을 보이지 않고 오히려 '뭐야, 정말 맛있잖아' 하고 **쾌의 반응**을 보인다.

사람도 마찬가지다. 우리 뇌는 첫인상이 나쁜 사람에게 처음에는 거부 반응을 보이지만, 어떤 계기로 '그렇게 나쁜 사람은 아니네. 생각보다 좋은 사람인 걸' 하는 생각이 들게 되면 이제는 그 사람을 만나는 것이 기다려지고 기분이 좋아진다. 이것이 뇌의 가소성이다.

일찍이 '음악 교육은 만 3세 이전에 시작해야 한다. 만 3세가 넘으면 음악 재능을 키울 수 없다'고 했지만, 그렇지 않다는 사실이 최근 연구에서 밝혀졌다. 70세가 넘어도, 80세가 넘어도 음악 재능을 키울 수 있다고 한다. 뇌가 만 3세 이전에 고정화되는 것이 아니기 때문이다.

정말로 첫인상으로 모든 것이 결정된다면 사람을 만나는 것이 극심한 스트레스가 될 것이다. 한번 실패하면 돌이킬 수 없을 테니 말이다. 하지만 그렇지 않다는 것을 알면 심리적인 여유가 생겨 나의 장점을 급하게 이해시키지 않아도 된다. 찬찬히 상대방에게 나를 알리는 것이 가장 중요하다.

point!

우리의 뇌는 생각보다 훨씬 말랑말랑하다.

첫인상을 만회하는 뜻밖의 심리기술

게인-로스 효과
첫인상이 나쁜 사람에게 아주 고마운 법칙이다.

첫인상이 나쁜 것을 단점으로만 생각하기 쉽다. 하지만 그렇지 않다. 첫인상이 나쁜 것이 어쩌면 장점이자 기회로 작용할 수도 있다. 만일 누군가가 "첫인상이 나빠서 속상하다"는 푸념을 늘어놓는다면 "다행이네요!"라고 선뜻 말해줄 것이다.

이유는 이것이다. 첫인상이 좋은 사람은 이미 플러스 인상을 갖고 있기 때문에 그 플러스 인상을 더 좋은 방향으로 끌고 가기가 무척 힘들다. 시험으로 치면 이미 평균 80점을 받는 사람이 열심히 노력하여 평균 90점을 받으려는 것과 마찬가지로 매우 어려운 일이다.

반면 첫인상이 최악인 사람은 더는 나쁜 인상을 줄까 노심초사하지 않아도 된다. 바닥을 쳤기 때문에 더 이상 나빠질 수가 없다. 이제부터는 무엇을 하든 플러스 평가를 받을 수 있으니 마음이 편하다.

시험에서 5점을 받은 학생이라면 아주 조금만 노력해도 눈 깜짝할 사이에 30점, 40점 정도는 너끈히 받을 수 있다. 30점이나 40점이나 낮은 점수이긴 하지만 처음 5점에 비하면 상당히 상승한 점수다.

또한 심리학에는 득실 효과, 즉 게인-로스 효과Gain-Loss Effect라는 법칙이 있다. 간단히 설명하자면 첫인상이 나빴던 사람이 조금이라도 좋은 일을 하면 나쁜 첫인상과 대비되어 굉장히 좋은 인상을 주게 된다는 것이다(게인 효과).

게인Gain이란 '이익'을 말하며, 첫인상이 나쁜 사람이 이후의 노력 여하에 따라 인상이 뻥튀기처럼 부풀려지는 것을 의미한다. 하지만 첫인상이 좋은 사람은 이와 반대의 결과가 나타난다. 첫인상이 좋은 사람이 조금이라도 경솔하게 행동하면 처음에 느낀 장점과 대비되어 이번에는 반대로 평가가 극도로 나빠진다(로스 효과).

게인-로스 효과는 미국 일리노이대학의 심리학자 제럴드 클로어Gerald Clore가 연구한 심리법칙이다. 첫인상이 나쁜 사람에

로스 효과(Loss Effect)

처음에는 **따뜻한 사람**이라는 인상

서서히 **차가운 사람**이라는 인상

차가운 마음이 강조됨

게인 효과(Gain Effect)

처음에는 **차가운 사람**이라는 인상

서서히 **따뜻한 사람**이라는 인상

따뜻한 마음이 강조됨

게 아주 고마운 법칙이라 하겠다.

싱가포르 유럽경영대학원 인시아드의 심리학자 앨런 필리포위츠Alan Filipowicz는 모의 교섭 실험을 실시했다. 그리고 처음에는 완강하게 타협하지 않고 나쁜 인상을 심어준 후에 아주 조금만 양보를 해주면 상대방은 크게 호감을 느끼고 교섭이 원만하게 이루어진다는 게인-로스 효과를 확인했다.

첫인상이 나쁜 사람은 그 뒤로 조금만 노력해도 평가가 높아진다.

생각한 대로, 기대한 대로, 꿈꾸는 대로

피그말리온 효과
나쁜 자기암시로 자기 목을 조르는 사람들이 꽤 있다.

'어차피 아무도 날 좋아하지 않을 거야.'
'어차피 난 무관심 속에서 홀로 외로운 인생을 살겠지.'

이런 부정적인 생각을 하며 하루하루를 보낸다면 지금 당장
그런 생각은 접어두자. 왜냐하면 부정적인 생각이 자기암시를
걸어서 정말 생각한 대로 돼버리기 때문이다. 이를 심리학에
서는 **기대 효과**Expectation effect라고 한다.

어째서 당신은 미움을 받는가.

어째서 당신은 첫인상이 그토록 최악인가.

그것은 스스로 마음속에서 그런 결과가 되기를 '기대'하고 있기 때문이다.

미국 사우스앨라배마대학의 심리학자 조지 혼George Horn은 나쁜 결과만을 기대하다 보면 정말 기대한 대로 된다는 실험 결과를 보고했다.

당신이 미움을 받는 이유는 자기암시를 걸어 기대 효과가 일어났기 때문이다. '어차피 난……'이라는 생각을 그만두면 이제 더는 누구에게도 미움받을 만한 행동을 하지 않게 될 것이다.

기대 효과에는 두 종류가 있다. 긍정적인 기대 효과와 부정적인 기대 효과. 기대 효과를 발휘하고 싶다면 이왕이면 긍정적인 방향으로 발휘하자.

'만나는 사람마다 모두 다 나를 인정해줄 거야!'
'시간이 걸려서 그렇지 틀림없이 모두 나를 이해해줄 거야!'

이런 기대를 가지면 된다. 계속해서 긍정적인 기대를 갖자. 그래야 인간관계가 힘들어지지 않는다. 또한 자신은 물론이고 상대방에 대해서도 나쁜 기대를 품지 말자.

'어차피 당신도 다른 사람들과 마찬가지로 가방끈이 짧은

나를 무능한 사람으로 취급하겠지.'

이런 식의 나쁜 기대를 상대방에게 걸지 않아야 한다. 그런 나쁜 기대는 여지없이 기대한 대로 일어날 테니 말이다.

교육심리학에서는 널리 알려진 이야기다. 교사가 어떤 학생에 대해 '어차피 이 아이는 실력이 안 늘 거야'라고 생각하면 그 학생은 수업을 따라가지 못하는 낙제생이 되는 경향이 있다. '어차피 이 아이는 불량배가 될 거야'라고 생각하면 정말 그 학생은 비행을 저지를 가능성이 매우 높아진다.

이는 '피그말리온 효과'나 '교사 기대 효과' 등으로 불리는 현상이다. 상대에게 나쁜 기대를 걸면 기대한 대로 일이 일어난다.

자신은 물론이고 타인에게도 나쁜 기대를 걸지 말자. 일부러 내 목을 조르는 일을 하지만 않아도, 당신은 훨씬 더 많은 사람들에게 사랑받는 사람이 될 수 있다.

부정적인 생각을 하는 것은 내가 내 목을 조르는 것과 같다.

PART 2

첫인상이 확 바뀌는
뜻밖의 심리기술

처음에 까칠해도 괜찮아

첫 대화의 법칙
처음부터 호감을 사려고 안달할 필요는 없다.

처음부터 상대방에게 호감을 사려고 입에 발린 소리를 하거나 아부하는 것은 현명하지 못한 방법이다. 한낱 천박한 사람으로 간주되어 미움을 한몸에 받게 된다. 뜬금없이 불쑥 아부하는 말을 들으면 누구나 꺼림칙하고 불쾌한 기분이 들기 마련이다.

알기 쉬운 사례를 하나 들겠다.

당신이 옷을 사려고 가게에 갔다고 하자. 가게 안으로 한 발 내딛는 순간 직원이 두 손을 비비면서 쪼르륵 다가와 "어머나, 고객님, 정말 멋지시네요. 어떤 옷을 걸치셔도 잘 어울리실 겁니다." 이렇게 가식적인 아첨을 늘어놓는다고 당신의 기분이 좋아질까. 아니다. 어쩌면 불쾌한 마음에 서둘러 도망치듯 가게를 빠져나올지 모른다.

처음부터 호감을 살 필요는 없다.

차라리 처음에는 상대방에게 은근슬쩍 대드는 정도가 좋다. 그러는 것이 결국에는 호감을 사기 때문이다.

이를테면 회의를 할 때 다른 사람의 의견에 곧바로 찬성하지 말고 슬며시 반론도 내어놓자. 다만 이것은 어디까지나 포즈일 뿐 진심으로 반대하는 것은 아니다.

"○○○ 씨 의견은 **좀** 너무 보수적이군요."

"○○○ 씨 의견은 현장 사람들의 감정을 **약간** 무시하는 것 같습니다."

이런 식으로 살짝 대들어보는 것이다. 당연히 상대방도 이에 반론을 하겠지만 상대방이 하는 말에 잠자코 귀를 기울인다. 그리고 마지막에 "아, 그렇군요. 그런 거였군요!" 하고 무릎을 치면서 상대방의 의견에 적극 동의한다.

처음부터 상대방의 의견에 찬성하면 아무 생각 없이 사는 예스맨이나 아부하는 사람으로 여겨질 테지만, 일단 반대하는 단계를 한 번 거침으로써 그저 그런 예스맨이 아닌 **확고한 자신의 생각을 가진 사람으로 인식된다.** 그래야 상대에게 호감을 살 가능성이 높다.

미국 버지니아코몬웰스대학의 심리학자 첼시 레이드Chelsea Reid는 대학생 77명을 대상으로 서로 다른 학생과 짝을 이루어 몇몇 사회 문제에 대해 토론하는 실험을 진행했다. 이때 짝이 된 사람은 첼시 레이드가 섭외한 가짜 대학생들이었다. 그는 가짜 대학생들에게 처음에는 상대 학생의 의견에 반대를 하다가 토론 막바지에 이르러 동의하게 했다. 또 다른 한편에서는 가짜 대학생들에게 상대 학생의 의견에 시종일관 반대하도록 지시했다.

토론이 끝나고 나서 실험 참가자들에게 파트너에 대한 인상을 물어보았다. 그 결과 마지막에 자신의 의견에 찬성해준 가짜 대학생은 줄곧 반대만 한 가짜 대학생에 비해 '호감이 간다', '친근감을 느꼈다'는 평가를 받았다고 한다.

우선은 가볍게 반대해보자. 상대방에게 나쁜 인상을 주겠지만 괜찮다. 그 후에 찬성하면 훨씬 더 좋은 인상을 줄 수 있을 테니 말이다.

처음에 약간 반감을 보이다가 태도를 바꾸면 호감도가 더욱 높아진다.

나쁜 소식일수록 먼저 알려라

상대성의 법칙
듣는 입장에서 생각한다.

만약 상사에게 나쁜 소식과 좋은 소식을 알려야 하는 상황에 놓인다면 여러분은 어떤 소식을 먼저 전하겠는가.

미국 캘리포니아주립대학의 심리학자 안젤라 레그Angela Legg 는 121명에게 "좋은 소식과 나쁜 소식 중에 어떤 소식을 먼저 보고하겠습니까?"라는 질문을 했다.

그러자 좋은 소식을 먼저 알리겠다고 대답한 사람은 54%였고, 나쁜 소식을 먼저 알리겠다고 대답한 사람은 46%였다. 차이는 미미하지만 좋은 소식을 먼저 알리겠다는 사람이 약간 더 많았다.

'갑자기 나쁜 소식을 알리면 상사가 화를 낼 게 불 보듯 뻔하다.'

개중에는 이렇게 생각하는 사람이 있겠지만 어차피 결국에는 나쁜 소식도 보고해야 하니 매도 먼저 맞는 편이 낫다. 왜냐하면 **그런 다음에 좋은 소식을 알리면 조금은 원래 기분대로 되돌릴 수 있기 때문이다.**

나쁜 소식을 나중에 들으면 분노와 불쾌함이 계속 남는다. 대체로 처음에 나쁜 소식을 듣고 그다음에 좋은 소식을 들으면 불쾌했던 기분이 약간이나마 누그러진다. 보고를 받는 상사의 입장에서 보더라도 나쁜 소식을 먼저 듣는 편이 달가울 것이다.

안젤라 레그 박사가 재차 "당신이 보고하는 입장이 아니라 듣는 입장이라면 나쁜 소식과 좋은 소식 중에 어떤 것을 먼저 듣고 싶습니까?"라고 질문했다.

그러자 이번에는 78%가 '나쁜 소식을 먼저 듣고 싶다'고 대답했다. 보고하는 사람은 나쁜 소식을 나중에 알리고 싶어 하지만, 듣는 입장이 되면 오히려 나쁜 소식을 먼저 듣고 싶어 한다는 사실을 알 수 있다.

대부분 나쁜 소식은 보고하기를 꺼린다. 보고는커녕 끝까지 감추거나 대충 얼버무리고 넘어가려는 사람이 있다. 나쁜 소식을 먼저 재빨리 알리고 그다음에 좋은 소식을 보고하자. 그런 후 조금이라도 기분이 좋아질 일을 생각하는 것이 현명한 선택이다.

나쁜 소식
좋은 소식

point!

나쁜 소식을 먼저 전하고 그다음에 좋은 소식을 전하면 나쁜 소식이 주는 불쾌감이 사그라든다.

불리한 상황에서도
숨기지 말고 보여주자

사전 예고의 법칙
호감도가 올라가려면 꼭 기억해야 할 법칙이다.

만일 가전제품 전문점에서 구입한 상품에 일부 결함이 있거나 정상적으로 작동이 안 된다면 먼저 어떤 생각이 들겠는가? 아마 화가 날 것이다. 그도 그럴 것이 '속았다'는 생각이 들 테니 말이다.

하지만 만약 그 물건을 재활용품점에서 샀다면 어떻게 반응했을까? 결함이 있는 상품 때문에 조금은 화가 났겠지만 '할 수 없지 뭐' 하고 깨끗이 체념했을 것이다. 왜냐하면 재활용품점에서는 '작동 여부를 보증하지 않는 상품도 있습니다'라는 주의 문구가 붙어 있기 때문이다. 비록 결함이 있는 상품을 속

아서 샀을지언정 "장식용이라 생각하지 뭐" 하고 쉽게 납득할
수 있는 것이다.

상대방의 귀에 거슬리거나 듣기 거북한 일, 또는 자신의 인
상이 나빠질 것 같은 일은 감추지 말고 처음부터 보여주면
좋다. 그러면 적어도 상대는 속았다는 생각을 하지 않을 것이
고, 혐오감을 느낀다 해도 잠깐 동안뿐이다.

미국 듀크대학의 심리학자 앤드류 카튼Andrew Carton은 70명
의 대학생에게 12분 동안 교정 작업 실험을 진행했다. 두 그룹
으로 나누어 한쪽 그룹에는 '작업 도중에 감독관이 훼방을 놓
는다'고 미리 일러두었다. 그러자 이 그룹에서는 감독관이 훼
방을 놓아도 별로 화를 내는 학생이 없었다.

또 다른 그룹에는 감독관이 훼방을 놓는다는 말을 사전에
하지 않고 불시에 훼방을 놓았다. 그러자 감독관에게 화를 낸
학생이 많았다고 한다.

우리는 **미리 상대방이 공지를 해준다면 불쾌한 일을 겪더라
도 너그러워질 수 있다.** 불쾌함을 느끼더라도 아주 조금일 뿐
이다.

사전에 '해외에서 재료비가 급등하여 가격이 오를 수 있다'

고 해두면 실제 상품 가격이 오르더라도 '약속과 다르지 않냐!' 는 소비자의 원성을 살 일이 없다. 왜냐하면 사전에 확실히 말해놨기 때문이다. '뭐, 이 가격이라도 어쩔 수 없지' 하며 순순히 받아들인다. 이런 심리기술을 '사전 예고법'이라 한다. 나쁜 일은 미리미리 말해두면 나중에 상대방의 분노를 잠재울 수 있고 당신의 인상도 전혀 나빠지지 않는다.

우리는 걸핏하면 자기중심적으로 판단하곤 한다. 그래서 불리한 상황을 상대방에게 전할 기회를 놓친다. 결과적으로 상대방에게 '속았다'는 생각을 하게 하는 일이 비일비재하다. 그것을 피하려면 언제나 최악의 상황을 예상해서 상대방에게 전

불리함

하는 것이 중요하다.

'약속한 날짜보다 1주일에서 2주일 정도 늦어질 수 있는데 괜찮겠습니까?'
'4개월 후에나 입금할 수 있는데 괜찮을까요?'
'배편이라 배송 도중에 상품에 흠집이 날 수가 있습니다. 그래도 괜찮겠습니까?'

이렇게 최악의 상황을 미리 예측해두고 반복해서 상대방에게 말하자. 그렇게 하면 당신의 인상은 나빠지지 않고 오히려 정직한 사람으로 호감을 살 것이다.

point!

나쁜 일은 미리미리 말해두면 상대방이 화를 덜 내게 된다.

콤플렉스, 내가 먼저 밝혀라

콤플렉스의 역설
자신을 드러내는 양과 상대방이 느끼는 매력의 크기는 비례한다.

우리는 자신의 콤플렉스는 어떻게든 감추고 싶어 한다. 하지만 콤플렉스는 당당하게 드러내는 것이 좋다. 뚱뚱한 사람은 살이 찐 것을 감추려고 헐렁한 옷을 입기도 한다. 하지만 그럴수록 상대방에게 살찐 것이 들통나고 감추려는 만큼 살찐 모습이 더욱 도드라진다.

　머리숱이 적은 사람이 가르마를 7대 3으로 타서 옆에 남아 있는 머리카락을 무리하게 숱이 적은 쪽으로 끌어당기려다가 민망한 헤어스타일을 연출하기도 한다. 자기 딴에는 교묘하게 잘 가렸다고 생각하겠지만 상대방 눈에는 훤히 다 보인다.

콤플렉스를 스스로 드러내면 단언컨대 좋은 인상을 줄 것이다.

"키에 비해 몸무게가 많이 나가요. 여름에는 땀을 많이 흘려서 힘들어요!"라고 스스로 먼저 밝히면 개방적인 사람이라 생각한다. 머리숱이 적다면 남아 있는 머리카락을 억지로 잡아당기지 말고 전부 짧게 자르는 편이 깔끔해 보인다.

"나는 금방 욱하는 성격이다", "나는 부끄러움을 많이 타서 이성 앞에서 말을 더듬는다" 등 성격적인 부분도 스스로 털어놓는 게 좋다. 자신의 콤플렉스를 드러낸다고 나쁜 평가를 받지 않는다. 오히려 **솔직한 사람, 성실한 사람, 숨기는 것이 없는 사람이라는 좋은 평가를 받는다.**

미국 일리노이대학의 심리학자 루스 클라크Ruth Clark는 자신을 속속들이 드러내는 양과 상대방이 느끼는 매력의 크기는 비례한다는 연구 결과를 발표했다. 남녀 불문하고 자신에 대해 솔직하게 말하는 사람은 '호감 가는 사람'으로 인식된다.

나는 대학 강사이기도 하다. 첫 수업 시간에 강의 소개를 할 때 "내 강의는 따분해요", "나는 글씨가 괴발개발이라 읽기 힘들 거예요", "지각한 학생한테는 가차없이 야단을 칩니다"라고 솔직하게 학생들에게 말한다. 정말 진심으로 그렇게 생각하기 때문에 고백하는 것이지만 학생들의 평가는 과히 나쁘지 않다.

　우리는 어떻게든 멋있게 보이고 싶어 자신을 포장하려 하지만 그런 부질없는 허세는 이제 그만 부리자.

　담배를 피운다고 자신의 입으로 먼저 말하는 사람은 담배를 안 피우는 사람 입장에서는 인상이 나쁠지 모른다. 하지만 그 사람은 적어도 거짓말을 하지는 않았다. 뒤에서 몰래 담배를 피우는 사람에 비하면 인상이 좋을 것이다.

콤플렉스를 드러내면 솔직한 사람이라는 좋은 평가를 받는다.

첫인사보다 마지막 인사에
신경을 써라

피크-엔드 법칙
손님맞이에 3걸음, 손님 배웅에 7걸음

'첫인상이 가장 중요하다'고 믿는 사람은 처음 만났을 때 건네는 인사와 자기소개에 신경을 많이 쓴다. 그 자리에서 자칫 실수라도 하면 치명적이고, 또 좋은 인상을 주지 못하면 이제 끝이라고 생각한다. 하지만 절대 그렇지 않다.

사실 인사는 처음보다 마지막이 중요하다. 마지막에 헤어질 때 기분 좋은 인상을 주도록 신경을 써야 한다. 처음에는 예의 바른 모습이었는데 한 시간 정도 대화를 나누다 보면 긴장이 풀려 스스럼없이 아무 말이나 막 하는 사람이 있다. 아무리 첫인상이 좋았어도 두 번째 인상은 최악이 된다. 반면, 첫인상은 과히 좋지 않았는데 헤어질 때 예의 바르게 깍듯이 인사하면 상대방에게 아주 좋은 인상을 남긴다. '헤어질 때가 매우 중요하다'는 사실을 기억해두자. 이를 피크-엔드 법칙Peak-end rule이라 한다.

이탈리아 산라파엘대학의 마테오 모텔리니Matteo Motterlini 박사는 《경제는 감정으로 움직인다Economica Emotiva》라는 책에서 다음과 같은 실험을 소개했다.

레코드가 두 개 있는데, 하나는 처음 5분간은 잡음이 섞여 있고 나머지 15분은 아무 문제없이 들을 수 있게 설정했다. 다른 하나는 처음 15분간은 별 탈 없이 들을 수 있지만 마지막 5분은 잡음이 섞여 있어 듣기 힘들게 설정했다. 실험자 참가자들에게 각각 들려주고 그 반응을 살펴보았다.

어느 레코드가 듣기 편안했을까. 정답은 처음 레코드다. 최고로 절정에 달하는 마지막 5분에 잡음이 들어 있으면 전부 말짱 도루묵이 된다. 반대로 처음에 얼마간 문제가 있더라도 마지막에 문제가 없으면 문제를 감지하지 못한다. 이것이 피크-엔드 법칙이다.

인간관계도 마찬가지다. 마테오 모텔리니는 처음에 만났을 때의 인상보다 마지막에 헤어질 때의 인상이 더 중요하다고 지적한다.

　잠깐 화제를 바꿔보자. 장사가 잘되는 주유소를 단번에 알아볼 수 있는 방법이 있다. 고객이 주유를 마치고 돌아가도 직원이 허리를 숙여 인사하는 모습에서다. 백미러로 뒤를 돌아봤을 때 직원이 계속 인사하고 있는 모습을 보면 누구나 감동한다. 또 다시 그 주유소를 이용하고 싶어진다. 헤어질 때 멋지게 배웅하는 주유소는 장사가 잘될 수밖에 없다.

　고급 식당에서도 마찬가지다. 식당 주인이 항상 신경쓰는 것은 '손님맞이에 3걸음, 손님 배웅에 7걸음'이라고 한다. 손님을 맞이할 때는 3걸음 정도 앞으로 나가고 배웅할 때는 7걸음 정도 길게 배웅한다는 가르침이다.

　처음에 손님을 맞이하는 것보다 마지막에 배웅하는 것을 중요시하는 점은 피크-엔드 법칙에 꼭 들어맞는다. 아마 식당 주인은 숱한 경험에서 그것이 중요하다는 것을 터득했을 것이다. 첫인사나 자기소개는 아무래도 상관없다는 말은 아니지만 '정말 중요한 것은 헤어질 때'임을 똑똑히 마음에 새겨두기 바란다.

point!

결국, 인상은 마지막에 결정된다.

처음부터 '예스'를 해주는 사람은 없다

부메랑 화법의 역설
뛰어난 세일즈맨은 특별한 세일즈 화법을 구사하지 않는다.

영업이나 판매를 하는 사람이라면 알 수 있을 것이다. 고객은 조건반사적으로 '필요없어요', '됐습니다'라고 한다는 사실을. 그것은 당신의 첫인상이 나빠서도 아니고, 다른 무엇 때문도 아니다. 그냥 상투적으로 하는 말에 불과하다. 처음에 '필요 없다'고 거절당해도 그러려니 하고 넘어가자. 구태여 낙담할 필요가 없다.

흔히 **거절당한 순간 영업은 시작된다**고 한다. 그야말로 두 번째 인상으로 승부를 거는 세계다. 대다수의 사람은 **영업이 나 판매를 하는 사람에게는 본능적으로 거절하거나 회피하는**

자세를 취한다. 필요없는 물건을 강매당하는 것에 거부감을 느껴 조건반사적으로 그렇게 한다. 한마디로 처음부터 좋은 인상을 주기란 하늘의 별따기만큼 어렵다는 말이다.

영업이나 판매를 하는 사람은 마이너스 인상으로 시작되는 것이 당연지사이며, 승부는 이제부터다.

다소 오래된 책이지만 여성복 판매회사인 산아이사의 전 사장인 다나카 미치노부가 쓴《판매의 신이라 불리며》라는 책이 있다. 이 책에서 그는 세 번이고 다섯 번이고 몇 번이라도 발이 닳도록 고객을 찾아가라, 헛걸음을 하든 헛다리를 짚든 발이 닳도록 찾아가라고 조언하고 있다.

한두 번 거절당했다고 포기하면 안 된다. 헛걸음을 하더라도 '찾아뵈러 왔는데 바쁘신 것 같아서 그만 돌아갑니다'라고 쓴 쪽지와 명함을 놔두고 온다. 이미 명함을 건넸어도 몇 장이든 또 두고 온다. 그러면 어떻게 될까?

다나카의 말에 따르면 **직접 만나는 것보다 효과가 있다**고 한다. 계속해서 거절하는 고객 또한 마음이 편할 리 없다. 사람인 이상, '자꾸 헛걸음하게 해서 미안하다'는 생각을 하게 된다. **어지간히 냉정한 사람이 아니라면 인정에 끌리기 마련이다.** 이렇게 해서 판매에 성공한다.

뛰어난 세일즈맨은 뭔가 특별한 세일즈 화법을 구사하지 않는다.

미국 이스트캐롤라이나대학의 심리학자 레이드 클랙스턴
Raid Claxton이 유통과 제조업을 하는 평균 44세의 영업사원 242
명을 조사한 결과, 세일즈 테크닉인 예스-벗 화법Yes-but 화법이
나 부메랑 화법을 구사하는 영업사원일수록 판매실적이 좋지
않았다고 한다. 참고로 예스-벗 화법이란 "네 그렇군요"라고
상대의 반론을 일단 받아들이고 나서 "하지만……"이라고 되
받아치는 화법을 말한다. 한편 부메랑 화법은 상대의 반론을
그대로 근거삼아 되받아치는 화법이다('비싸다고 말씀하시는데 그
만큼 품질이 좋다는 것을 증명하는 것입니다' 등).

세련된 테크닉으로 어떻게든 팔려고 하는 영업사원은 실적
이 신통치 않다. 조금 촌스럽더라도 몇 번이고 계속해서 얼굴
을 내미는 영업사원이 실제로 실적이 좋다.

거절당하는 것을 두려워해서는 안 된다. 처음 한두 번의 거
절은 당연하다고 생각하자. 이는 모든 인간관계에 해당되는
기본 법칙이다. 한 번 거절당했다고 당신을 진짜 싫어하는 것
이 아니다. 실망하지 않아도 된다.

point!

처음부터 '예스'는 없다. 그러므로 낙담할 필요가 없다.

'노'라는 말에 굴복하지 말자

거절의 역설
인간관계에 쉽게 상처받지 말자.

이상하게도 우리는 마음에도 없는 말을 무심코 해버릴 때가 종종 있다. 이를테면 직장 동료들이 회식에 관한 이야기를 하고 있을 때 우연히 옆을 지나가던 당신에게 "주말에 술 한 잔 하자는 말이 나왔는데 ○○ 씨도 같이 갈래요?"라는 말을 건넸다고 하자. 당신은 속으로는 참석하고 싶지만 무슨 영문인지 "아니, 난 됐어요" 하는 말이 튀어나온 경험이 있을 것이다. 스스로도 이유를 모른다. 그냥 **마음과 다르게 거절한** 것이다.

반대의 입장에서 당신이 누군가에게 같이 가자는 말을 했는데 "미안, 사정이 있어서 말이야" 하고 단칼에 거절당한 경험이 있을 것이다. 거절당했다는 사실만 두고 보면 당신은 그 사람에게 미움을 받은 셈이다. 그런데 정말 미움을 받은 것일까. 절대로 그렇지 않다. 사람이라면 누구나 속마음과 다른 말을 할 때가 있기 때문이다.

미국 텍사스A&M대학의 심리학자 찰린 뮬렌허드Charlene Muehlenhard는 여성 610명에게 "당신은 데이트 신청을 받았을 때 '예스'라고 말하고 싶었지만 '노'라고 대답한 적이 있습니까?" 하고 물어보았다. 그러자 놀랍게도 39.3%의 여성이 '그런 경험이 있다'고 대답했다.

속마음은 '예스'이지만 왠지 '노'라고 대답하는 일이 허다하다. 누군가에게 권유하거나 뭔가를 부탁했을 때 한 번 거절당했다고 바로 물러서면 안 되는 이유다.

같이 밥을 먹자고 권할 때는 "뭐 어때, 다 같이 가는 거니까 ○○ 씨도 같이 가요"라고 한 번 더 권하면 상대방도 "응, 그럼 그렇게 하죠, 뭐" 하고 순순히 받아들일지 모른다.

같이 밥을 먹자고 말했는데 한 번 거절당했다고 "네, 알았어요" 하고 냉큼 물러난다면 상대방 또한 아쉬운 마음이 들지 않을까. 다시 한 번 권하면 상대방도 '그렇게까지 같이 가자고 하면' 하고 태도를 바꿀 수도 있다. 또한 두 번이나 같이 가자고 권해준 당신에게 좋은 인상을 갖는다.

인간관계에서도 쉬이 상처받지 마라. 어느 정도는 거절당하더라도 신경쓰지 말고 두 번이든 세 번이든 부탁해본다. 여러 번 권했는데 거절당했다면 상대가 진심으로 거절한 것이지만 두세 번 정도는 마음에 두지 않아도 된다. 어쩌면 상대는 거절하고 싶은 마음이 없는데 무심코 거절해버려서 후회하고 있을지 모른다. **다시 한 번 권해주면 기뻐한다.**

'집요한 사람을 싫어한다'고 하지만 두세 번 정도 권하는 것은 괜찮다. 오히려 별 생각 없이 그냥 상대가 말하는 것일지 모른다. 너무 신경쓰지 않아도 된다.

한 번 거절당했다고 마음이 약해지면 안 된다!

point!

거절당했다고 금방 포기하지 말자. 두세 번 정도 권하는 것은 괜찮다.

'세 번만 만나보라'는 말은 맞다

단순접촉 효과
딱 한 번만에 포기하기엔 너무 아깝다.

첫 회의를 망쳐버리면 십중팔구는 몹시 낙담한다. 마치 세상다 산 사람처럼 '아, 이제 난 끝장이야' 하며 땅이 꺼져라 한숨을 쉰다. 첫 데이트를 망친 사람도 마찬가지다. 너무 긴장한나머지 매너 있게 행동하지 못했거나, 무례한 말을 해서 상대방을 화나게 했다는 생각에 마치 인생이 다 끝나버린 듯한 기분이 들 것이다. 하지만 그래도 포기하지 않는 것이 중요하다.좀 전의 회의 따위는 언제 그랬냐는 듯이 얼굴에 철판을 깔고"다시 한 번 만나뵐 수 있을까요?" 하고 부탁해보자.

다만 첫 만남에서 지각을 했다면 두 번째 만날 때는 절대로 지각을 해서는 안 된다.

첫 회의에서 자료가 불충분했다면 다음 회의에는 꼼꼼하게 자료를 준비해가자. 그렇게 하면 처음에 저지른 실수가 없던 일이 될 수 있다.

데이트를 망쳤다면 우물쭈물하지 말고 곧바로 다음 데이트 약속을 잡자. 빠르면 빠를수록 좋다. "오늘은 제가 많이 부족했습니다. 아무쪼록 다시 한 번 기회를 주세요, 부탁드립니다!" 이렇게 부탁하면 상대도 무 자르듯 딱 잘라 거절하지는 못할 것이다. 아울러 두 번, 세 번 만날 때마다 점점 당신의 인상이 좋아질 것이다. 뭔가 특별한 노력을 하지 않아도 두 번, 세 번 얼굴을 마주하다 보면 점차 상대방에게 친밀감을 느끼고 호감을 갖게 된다. 이를 **단순접촉 효과**라고 한다.

벨기에 루벤가톨릭대학의 심리학자 올리비에 코넬리에 Olivier Corneille는 '얼굴을 기억하는 실험입니다'라는 제목으로 실험 참가자들에게 얼굴 사진 40장을 기억하게 했다. 그 후에 별도의 실험이라 말하고 얼굴 사진 80장을 다시 보여주었는데, 그중의 절반은 이미 보여준 얼굴 사진 40장이었다. 한마디로 얼굴 사진을 딱 한 번 보여주거나, 아니면 두 번 보여주는 것을 조작한 실험이다.

그런 다음 얼굴 사진 80장에 관해 각각 '친근감'과 '얼굴의

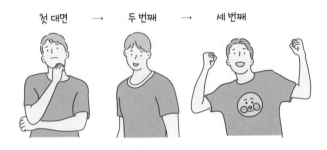

만나면 만날수록 인상이 좋아진다.

첫 대면 → 두 번째 → 세 번째

매력'에 대해 물어보았다. 그 결과, 딱 한 번 본 얼굴보다 두 번 본 얼굴에서 친근감을 더 느끼고 매력적이라는 대답이 많았다고 한다.

우리는 단순히 몇 번 마주한 얼굴에서 친근감을 느낀다. 이 것이 단순접촉 효과다. 처음에는 그다지 인상이 좋지 않았어도 걱정할 필요가 없다. 두 번, 세 번, 얼굴을 마주하는 빈도가 늘어나면 늘어날수록 저절로 당신의 두 번째 인상은 좋아질 것이다. 이것이 보통의 과정이다. 따라서 딱 한 번만 도전하고 그냥 포기하면 너무 아깝다.

point!

딱 한 번만 도전하고 포기하는 건 너무 아깝다.

클레임을 기회로 삼는 심리기술

클레임의 법칙
잘 해결하면 96%나 다시 찾아온다.

고객으로부터 불평이나 불만, 클레임이 들어올 때, 그때가 바로 기회다. 왜냐하면 불만사항을 멋지게 대응하면 그러한 고객일수록 우수고객이나 단골이 될 확률이 높기 때문이다.

클레임을 들으면 노골적으로 귀찮은 태도를 보이는 직원이 있다. 그렇게 하면 화를 북돋을 뿐이다. 두 번 다시 그 가게에서 쇼핑을 하지 않겠다고 선언하고 인터넷에 비방글을 올릴지도 모른다.

만약 클레임을 진지하게 받아들이고 진심을 다해 성실하게 대처하는 직원이 있다면 고객은 어떤 반응을 보일까.

좀 전까지만 해도 노발대발하던 고객이 "얘기를 들어줘서 고맙다" 하고 감사의 말까지 할지 모른다. 또한 그 직원의 팬이 된다. 진상 고객이 아닌 팬이 될 수도 있다.

화가 잔뜩 나 있는 고객을 응대하는 일은 누구나 싫기 마련이다. 억지를 부리며 막말하는 고객에게 대응하는 일을 좋아할 사람이 어디 있겠는가. 하지만 깍듯하게 사과하고 성심성의껏 응대를 하면 진솔한 태도가 상대의 마음을 감동시킬 수도 있다. 진상 고객이라고 결코 적으로만 보면 안 된다. 고객은 고객일 뿐이고 소중하다는 마음으로 임하면 멋지게 대응할 수 있다. 당신이 멋지게 대응하면 고객은 어떻게 반응할까. 클레임에 관해 다음과 같은 데이터 결과가 있다.

_불만을 제기한 고객 중에 56~70%는 불만이 해소되면 다시 찾아온다.

_회사가 신속하게 대처하면 그 비율은 96%까지도 가능하다.

_불만이 있는 고객은 그것을 평균 9~10명에게 이야기한다. 20명이 넘는 사람들에게 이야기하는 사람이 13%나 된다.

_불만이 해소된 고객은 그것을 평균 5~6명에게 이야기한다.

미국의 고급 백화점 체인인 노드스트롬의 부사장을 역임한 벳시 샌더스Betsy Sanders의 《신화가 된 전설적인 서비스Fabled Service: Ordinary Acts, Extraordinary Outcomes》라는 책에 나오는 조사 결과다. 클레임에 잘 대처하면 고객은 당신의 팬이 되고 여기저기 입소문을 내고 다닐 것이다. 저 가게의 아무개는 멋진 사람이라고.

누구나 싫은 소리를 듣는 것은 싫지만 위기를 기회로 바꿀 수 있느냐, 없느냐는 당신의 마음먹기에 달려 있다. 또 고객에게 좋은 인상을 심어줄 수 있느냐, 없느냐는 대체로 당신의 노력 여하에 달려 있다.

싫은 소리를 좋아하는 사람은 없다. 그러나 위기를 기회로 바꿀 수 있느냐는 마음 먹기에 달렸다.

자발적으로 사과하라

정공법의 법칙
지나놓고 보면 정공법이 지름길이다.

기업에 불미스러운 일이 발생했을 때 사장은 매스컴 앞에서 고개를 숙인다. 하지만 아무리 '대단히 죄송합니다'라고 사과해도 피해를 입은 소비자는 수긍하지 못하고 분노가 쉬이 가라앉지 않는다. 이것은 사과하는 사장의 태도에도 문제가 있지만 무엇보다 '자발성'이 없기 때문이다.

대체로 불미스러운 일은 기업 측이 '스스로' 공표하지 않는다. 내부고발이나 다른 회사가 비밀을 누설하여 밝혀지는 일이 다반사다. 그래서 더더욱 사과를 해도 용서받기 힘들다.

불미스러운 일을 일으킨 기업의 사장은 아마 **마음속으로는**

사과하고 싶은 마음이 없을 것이다. '어쩌다 운이 나빴다'고 생각할지 모른다. 그러한 마음이 고스란히 태도에 묻어나 소비자의 분노가 가라앉지 않는 것이다. 우리는 상황이 불리해지면 어떻게든 감추려고 하지만 그것은 어리석은 일이다. 오히려 '자발적'으로 문제를 분명히 하고 사과하는 정공법을 택하는 게 좋다.

심리학자 알레이나 젤Alayna Jehle이 2012년에 《사회심리학 저널》에 발표한 논문에 따르면 자발적으로 사과하는 사람은 '성실성' 평가에서 9점 만점에 5.75점을 받았지만, 사과하라는 성화에 등 떠밀려 사과한 사람은 3.91점을 받았다고 한다.

가게 점장이 야단을 치면서 "이봐, ○○씨, 고객한테 사과해!"라고 시켜서 "죄송합니다" 하고 머리 숙여 사과해도 호감을 얻지 못한다. 왜냐하면 사과할 마음이 털끝만큼도 없으면서 마지못해 사과한 것이 상대방에게 고스란히 전해지기 때문이다. 사과는 자발적으로 하지 않으면 아무 의미가 없다.

잘못을 인정하면 일시적으로 당신의 평가는 떨어질 것이다. 그것은 어쩔 수 없다. 하지만 자발적으로 인정하면 나중에 신뢰를 빨리 회복할 수 있다는 사실을 명심하기 바란다.

PART 3

자존감을 지켜주는
뜻밖의 사과기술

사과는 세 번 하는 것이 정답

사과의 법칙
시간과 장소, 사과하는 방법을 바꿔라.

대부분의 사람은 남에게 민폐를 끼쳤을 때 한 번만 사과한다.

'뭐, 사과했으니까' 하고 안심하고는 한 번으로 끝낸다. 어쨌거나 사과는 했다. 하지만 사과 한 번으로 상대의 분노가 말끔히 사그라졌을까. 만일 그렇다고 생각한다면 너무 생각이 안이하다. **사과 한 번으로 마치 아무 일도 없던 것처럼 될 리가 없다.**

사과를 하지 않는 것보다는 한 번이라도 사과하는 편이 좋지만, 사과한다고 '당신은 매우 훌륭한 사람'이라고 감동하지는 않는다. 진심으로 상대를 감동시키는, 다시 말해 마이너스였던 평가를 플러스로 바꾸려면 최소한 세 번은 사과해야 한다. 사과를 세 번 하면 당신이 깊이 반성하고 있다는 것을 상대방이 느낄 수 있고, 또 사과를 세 번이나 하는 사람은 흔치 않기 때문에 당신의 인상은 한층 더 좋아질 것이다.

미국 루이지애나공과대학의 심리학자 브루스 다비Bruce Darby 는 어떤 사람이 친구에게 빌린 자전거를 망가뜨렸다는 이야기를 81명의 학생들에게 들려주었다. 다만 결론의 일부를 '퍼트는 깊이 반성하고 사과했다', '퍼트는 사과하지 않았다'는 식으로 다르게 들려주었다. 이야기를 들은 학생들은 퍼트가 전혀 사과하지 않았을 때보다 깊이 반성하고 있다는 사실을 알았을 때 23%나 높은 호감을 보였다.

설령 상대에게 민폐를 끼쳤더라도 제대로 사과하면 오히려 호감을 얻을 수 있다. 그러기 위해서 사과는 세 번 해야 한다. 다만, 사과를 세 번 하더라도 '미안해, 미안해, 미안해' 이렇게 세 번 반복해서는 안 된다.

시간과 장소, 사과하는 방법 등을 바꿔가며 세 번 사과한다.

상대방에게 뭔가 폐를 끼쳤거나 심기를 불편하게 했다면 그 자리에서 바로 사과한다. 이것이 첫 번째 사과다. 두 번째는 집에 돌아와서 그날 밤에 다시 한 번 사과하는 문자를 보낸다. 세 번째는 그다음에 만났을 때 '일전에 크게 폐를 끼쳐서……' 라고 사과한다.

사과를 한 번 하는 사람은 많다. 두 번 사과하는 사람도 흔치는 않다. 하지만 세 번 사과하는 사람은 거의 없다. 세 번이나 사과하는 당신은 상대방의 기억에 깊이 남을 것이다. 당연히 훌륭하고 성실하며 좋은 인상을 가진 사람으로 말이다.

남에게 폐를 끼치는 것은 기본적으로 마이너스임이 틀림없다. 하지만 이후에 사과만 잘해도 플러스가 된다는 사실을 꼭 기억하기 바란다.

point!

사과만 현명하게 잘해도 플러스가 된다.

대응은 빠를수록 좋다

대응의 법칙
꾸물대면 나쁜 인상이 더 나빠진다.

사과할 때는 어찌됐든 최대한 빨리 사과하는 것이 비결이다. 이를테면 클레임이 들어왔을 때 "오늘은 너무 늦었습니다. 내일 그쪽으로 방문해도 괜찮겠습니까?" 하고 말하면 상대는 어떻게 생각할까. 십중팔구 두 번 다시 일을 맡기지 않을 우려가 있다.

이와 반대로 클레임 전화를 받자마자 "죄송합니다. 지금 바로 찾아뵙겠습니다" 하고 신속하게 대응하면 어떻게 생각할까. 재빠른 대응에 '와, 대단하다!' 하고 감탄할 것이다.

대응이 빠르면 빠를수록 상대는 흥분을 가라앉히고 오히려

좋은 인상을 갖는다.

구입한 물건과 다른 상품이 봉투에 들어 있어 그것을 가게에 들고 갔다고 하자. 그때 직원이 "죄송합니다. 곧바로 상품을 갖다드리겠습니다" 하고 눈썹이 휘날리도록 뛰어나가면 상대는 기분이 나쁘지 않다. 그 직원의 뒷모습에서 진심으로 미안해하는 마음이 느껴졌기 때문이다.

하지만 "이거, 색깔이 다른 건데요" 하고 교환해달라고 하자 "교환해드리겠습니다" 하고 대답은 하면서 어슬렁어슬렁 창고로 걸어가면 그 뒷모습을 보며 어떤 생각이 들까. '영 아니네. 이 가게랑 이 직원……' 하며 혀를 찰지 모른다.

미국 코넬대학의 켄 블랜차드Kenneth H. Blanchard 교수와 마가렛 맥브라이드Margret McBride는 공저《진실한 사과는 우리를 춤추게 한다One Minute Apology》라는 책에서 **사과는 미루면 미룰수록 용서받기 힘들어진다**고 조언하고 있다.

"내일도 괜찮겠습니까?" 이런 태평한 소리를 하면 안 된다. 상품 교환은 1분이라도, 아니 단 1초라도 빠르면 빠를수록 좋다. 느릿느릿 꾸물대면 안 그래도 나쁜 인상이 더 나빠진다. 재빠르게 대응하여 조금이라도 좋은 인상을 주자.

"기획안을 이런 식으로 서식을 바꿔서 다시 작성해주세요" 라는 부탁을 받았다면 "네, 오늘 중으로 다시 작성하겠습니다"

와, 대단하다!

라든가 "두 시간 내로 다시 쓰겠습니다"라고 최대한 빨리 그 부탁에 응한다. '귀찮아, 나중에 하지 뭐' 하고 생각하면 더욱 귀찮아진다. 귀찮은 일일수록 빨리 해치우는 것이 마음도 가 볍고 좋다. 또 그래야 당신의 인상이 확실히 좋아질 테고 말 이다.

point!

필요하다면 사과하라. 지금 당장!

때로는 현실적인 보상이 필요하다

보상의 법칙
절대 안 된다고 하지만 항상 그런 것은 아니다.

불같이 화를 내는 상대를 진정시키려면 '죄송합니다'라는 사과의 말도 중요하지만 그보다는 현실적인 '보상'이 필요하다.

클레임에 대처하는 책은 거의 대부분 이구동성으로 '절대로 금품이나 선물을 주면 안 된다'라고 말하고 있다. 돈을 건네면 고객은 재미를 붙여 이후로도 계속해서 클레임을 걸어올 가능성이 있기 때문이다.

분명히 이론상으로는 그러한 것도 생각하지 않을 수 없다. 하지만 정말 인간은 그토록 사악한 마음을 가진 사람만 있는 것일까. 나는 그렇게 생각하지 않는다. '죄송합니다'라는 말은 당연히 듣고 싶지만 현실적으로 뭔가 보상이 있으면 기분이 좋다. 그렇다고 해서 세상에는 보상에 맛들인 사람만 있는 것은 아닐 테니 말이다.

캐나다 마니토바대학의 캐시 굿윈Cathy Goodwin 연구팀은 자동차 수리 일정이 지연되었을 때 "죄송합니다. 수리비를 10% 깎아드리겠습니다" 하고 제안하면 그냥 사과만 했을 때보다 고객의 만족도가 높아진다는 사실을 확인했다.

인간은 타산적이라서 뭔가를 받으면 단순히 기쁘다.

혹시 어떤 피해를 입었더라도 쿠폰이나 상품권, 또는 어떤 것이든 선물을 받으면 '뭐, 됐어' 하고 없던 일로 해버린다.

클레임에 대처하는 책에는 선물은 당치도 않다고 강하게 경고하고 있지만 내가 담당자라면 사과할 때 과일이라도 들고 갈 것이다. "이것은 회사에서 드리는 게 아니라 제가 사과의 뜻으로 드리는 겁니다" 하고 전하면 회사에도 전혀 해가 되지 않는다.

사과할 때 건네는 선물은 굳이 비싸지 않아도 된다. 자신의 마음을 어떤 형태로든 나타내면 된다. 예를 들어 10만 원짜리 물건이라면 1만 원 정도 범위에서 선물하면 충분하다.

어렸을 때 붕어빵 가게에서 "모양이 망가진 거니까 깎아줄게" 또는 "덤으로 하나 더 줄게"라는 말을 들으면 기분이 날아

갈 듯 좋았다.

물론 우리의 '마음'은 눈에 보이지 않는다. 아무리 '반성하겠다', '죄송하다'고 말해도 말은 눈으로 볼 수 없다. 하지만 **선물은 마음을 형상화한 것**이기에 확실하게 눈에 보인다.

말로만 사과하고 끝내려는 사람은 인간의 심리를 모르기 때문에 그렇게 하는 것이다. 아무리 싸구려거나 또 하찮은 물건일지라도 그래도 역시 뭔가 선물을 하거나 가격을 깎아주고, 또 현실적으로 이익을 주려는 모습을 보이면 그 마음이 고스란히 상대방에게 전달될 것이다.

때로는 현실적인 보상이 필요하고 효과적이다.

변명할수록 인상은 나빠진다

변명의 역설
들을수록 화가 치민다.

사람들은 야단을 치거나 설교할라치면 "그게 아니라······" 하고 바로 변명을 늘어놓기 일쑤다. 보기도 안 좋을 뿐더러 나쁜 인상을 준다. 두 번째 인상을 좋게 하려면 변명이나 말대답은 절대로 금물임을 부디 기억해두기 바란다.

사과를 할 때는 단지 사과만 하면 된다. 목구멍까지 변명의 말이 차오르더라도 꿀꺽 삼키고 그저 머리를 숙이고 사과한다.

당신 또한 당연히 할 말이 있을 것이다. 하지만 화가 잔뜩 나 있는 사람은 당신이 하는 말을 어차피 이해하지도 또 납득

하지도 못한다. 게다가 **변명하는 말을 들으면 더욱 화가 치민다.** 분노의 불길에 기름을 붓는 격이다.

　미국 사우스캘리포니아대학의 피터 킴Peter Kim 박사는 고객에게 민폐를 끼친 세무사가 "두 번 다시 서류에 미비한 점이 없도록 하겠습니다" 하고 그냥 사과만 한 경우와 "이전 회사에서 일하던 습관이 몸에 밴 탓에 서류 형식을 착각한 것 같습니다" 하고 변명을 늘어놓는 경우, 이 두 가지를 사회인 200명에게 "당신은 이 세무사를 어떻게 생각하는가?" 하고 물어보았다. 그러자 자기 나름대로 할 말이 있더라도 아무 말 없이 일단 사과만 했을 때 신뢰를 회복할 수 있다는 사실을 확인했다.

　폐를 끼쳤어도 솔직하게 사과하면 신뢰를 회복할 수 있다. 약속한 시간에 지각했다면 솔직하게 사과하면 된다.

　'전철이 지연되는 바람에…….'

　'갑자기 비가 와서…….'

　변명부터 하면 할수록 당신의 인상은 나빠진다. 정말로 전철이 지연됐거나 날씨 탓에 지각한 것은 물론 이유로서는 통한다. 하지만 기다린 사람의 심리를 생각하면 지각한 이유는 아무래도 상관없다. 단순히 기다렸다는 사실에 기분이 언짢은 것이다. 그저 '미안하다'는 말 한마디가 듣고 싶을 뿐이다.

　식당에서 주문한 음식이 너무 늦게 나올 때가 있다. 조금 불쾌한 마음에 직원에게 한마디 했다. 그러자 "손님이 많아서 그래요"라는 대답이 돌아왔다고 하자. 당연히 손님이 많으면 음식이 늦게 나올 수밖에 없다. 하지만 그런 변명을 듣자고 손님이 물어본 것일까? 그렇지 않다.

"많이 기다리게 해서 죄송합니다. 기다리신 만큼 훨씬 더 맛있는 음식으로 대접하겠습니다"라고 사과하는 말을 들으면 누구나 순순히 받아들인다.

변명이나 자기를 정당화하는 말을 하면 당신의 인상은 계속 나쁘기만 할 것이다. 서글서글한 인상을 주는 사람은 절대로 변명하지 않는다. 먼저 '죄송합니다'를 입버릇처럼 말하면 당신의 인상은 두 배로 좋아질 것이다.

두 번째 인상을 좋게 하려면 변명이나 말대답은 절대로 하지 마라.

약속시간에 늦을 때는
'몇 분' 늦는다고 말해라

시간의 법칙
끝나는 시간을 알면 참을 수 있다.

일상생활에서 우리를 가장 짜증나게 하는 일은 바로 기다리는 일이다. 현대인은 바쁘기 때문에 기다리는 것을 못 견뎌한다.

2003년 시티즌에서 실시한 조사에 따르면 '컴퓨터가 부팅되는 1분 동안 70%의 사람이 초조함'을 느끼고 '인터넷 창이 열리기까지 10초 동안 70% 이상이 한계라고 느낀다'고 한다. 또한 '휴대전화로 연락한 상대로부터 다시 전화가 오기까지 10분 동안에 60%가 초조함을 느낀다'고 한다.

이쯤에서 생각해보자. 어쩔 수 없이 상대방을 기다리게 할 때는 어떻게 하면 좋을까. 인상이 나빠지는 것을 어떻게 하면 피할 수 있을까.

해결책은 바로 '언제까지 기다리면 좋을지'를 정확히 상대에게 알리는 것이다. 끝나는 시간을 알면 참을 수 있다. 언제까지 기다려야 하는지 도통 알 길이 없기 때문에 더욱 더 불안한 마음과 초조함이 더해진다.

도쿄 디즈니랜드에서는 놀이기구를 타려면 한참을 기다려야 한다. 하지만 불평하는 사람은 찾아보기 힘들다.

이유인즉슨 '여기서부터 60분 기다립니다'라는 안내 문구가 있어서 얼마나 기다려야 하는지를 가늠할 수 있기 때문이다.

또한 안내 문구에 실제 기다려야 하는 시간보다 약간 길게 표시하고 있다. 즉, 60분 기다려야 한다는 안내 문구가 있어도 실제로는 50분 정도만 기다리면 입장할 수 있다.

한 시간 기다릴 것을 각오하고 줄을 섰던 고객 입장에서는 '생각보다 빠르다'고 느끼게 되는 심리 트릭을 구사하고 있는 것이다. 참으로 지혜로운 방법이다. 이 같은 사실은 실험에서도 밝혀졌다.

이스라엘의 심리학자 나이라 뮤니처Nira Munichor는 대학 연구실에 걸려온 전화를 일부러 받지 않고 기다리게 하는 실험을 했다. 물론 전화를 건 사람은 화가 날 일이지만 뮤니처는 컴퓨터를 이용하여 무작위로 다음과 같은 세 가지 호출음이 흘러나오게 했다.

제1조건 음악만 흘러나오게 하고 상대방을 기다리게 한다.
　　　　(108초 후에 전화를 받는다.)
제2조건 음악이 흘러나오고 '기다리게 해서 죄송합니다. 그대로 기다려주세요'라는 메시지가 흘러나온다.
　　　　(108초 후에 전화를 받는다.)
제3조건 음악이 흘러나오고 '현재 당신은 세 번째입니다', '현재 당신은 두 번째입니다'라고 기다려야 하는 순서를 알린다.(108초 후에 전화를 받는다.)

　제3조건은 은행이나 병원 대합실 등에서 채택하고 있는, 자신의 순서를 알 수 있는 시스템이다.
　또 나이라 뮤니처 박사는 전화를 걸었던 사람 중에 기다리지 못하고 도중에 끊어버린 사람이 얼마나 되는지를 측정했다. 조사 결과, 제1조건에서는 69.7%, 제2조건에서는 66.7%, 제3조건에서는 35.9%였다고 한다.
　누군가를 기다리게 할 때는 '기다리는 시간'을 정확히 알려주자. 그렇게만 해도 상대는 별로 불안해하거나 초조해하지 않고 참고 기다려준다.

point!

내가 처한 상황에 대한 정보를 알고 있으면 인내심이 강해진다.

사과의 테크닉을 연습하라

진심의 법칙
흉내내본들 잘될 리가 있겠는가.

이전에 HIV인체 면역결핍 바이러스 소송에서 피고인 제약회사 네 곳 중의 한 곳에서 원고인단에 직접 사과했을 때, 사장을 포함해 임원진 여섯 명이 전원 무릎을 꿇고 머리를 숙였다. 무릎을 꿇고 머리를 숙인다는 것은 단연 최상급에 해당하는 사과 행동이다.

하지만 원고인단은 "좀 더 머리를 숙여라!", "땅바닥에 머리를 대라!"고 고성을 지르고 격분했다. 어째서 무릎을 꿇고 머리 숙여 사과를 하는데도 원고인단을 더 화나게 했을까. 그것은 무릎을 꿇긴 꿇었으나 전혀 진심이 담겨 있지 않았기 때문이다.

무릎을 꿇고 사과할 때는 주저하지 말고 과감하게 해야 한다. 그저 형식적인 사과인지 아닌지, 보는 사람은 단박에 알 수 있다.

'무릎 꿇고 머리를 숙이기만 하면 되겠지' 하는 생각이 빤히 들여다보이게 사과하면 아무 효과가 없다. 진심을 담지 않고 무릎만 꿇는 사과는 사과가 아니다. 또한 머리 숙여 사과하는 것도 스킬이기 때문에 여러 번 반복해서 고민하고 연습해야 한다. 매일 피아노 연습을 하면 아무리 독학일지라도 능숙하게 곡을 연주할 수 있게 되는 것처럼 말이다. 진심으로 사과해보지 않은 사람이 눈동냥으로 본 것을 그대로 흉내내본들 잘 될 리가 있겠는가.

메이지대학 대학원의 글로벌 비즈니스 연구센터의 노다 미노루는 노무라 종합연구소에서 컨설턴트로 일할 때부터 여차하면 바로 무릎을 꿇는 사과의 기술로 숱한 난관을 극복했다고 한다. '무릎 꿇는 노다'라는 별명이 붙을 정도였다고 하니 그야말로 멋지게 진심으로 사과를 한 모양이다.

대인관계에서는 뭐든지 연습해두면 스킬이 좋아진다. 그런 의미에서 일단 머리를 숙여 진심으로 사과하는 연습을 하는 게 좋다. 무릎을 꿇고 머리를 숙이는 사과에도 올바른 순서가 있다. 자칫 잘못하면 사과의 마음을 충분히 전할 수 없다. 우선 두세 걸음 뒤로 물러나야 한다. 상대방과 너무 가까운 위치에서 무릎을 꿇으면 안 된다. 이렇게 거리를 두는 이유는 상대방에 대한 경의를 표하기 위해서다. 또한 머리를 숙이기 전에 먼저 상대방의 눈을 똑바로 응시한다. 그래야 반성하는 뜻이 전달된다. 머리는 그다음에 숙인다. 그리고 머리를 숙였다면 상대방이 "이제 됐다"고 하기 전까지 절대로 머리를 들면 안 된다. 이것이 가장 중요하다. 상대방이 제풀에 꺾여 "이제 알았다"고 하기 전에 머리를 들면 반성하는 마음이 부족하다고 생각할지 모른다. 한 번만, 단 몇 초만 머리를 숙이고 있으면 되는 것이 아니다.

정말로 상대방에게 폐를 끼쳐서 죄송하다는 마음을 전하고 싶다면 무릎 꿇고 사과하는 것을 주저해서는 안 된다. 반드시 당신의 진심이 상대방에게 가닿을 것이다.

사과에도 올바른 순서가 있다.

하이터치 사과의 놀라운 효과

대면의 법칙
하이테크 시대이기에 하이터치가 더욱 필요하다.

요즘은 헤어질 때도 간단히 문자나 이메일로 끝내는 사람들이 있다고 한다. '그만 만나고 싶다. 연락하지 마. 안녕'이라고 일방적으로 문자를 보내고 그것으로 끝을 고하는 식이다. 상대방의 기분 따위는 안중에도 없다는 증거다. 이제 두 번 다시 만날 일이 없을 테니 무례하게 굴어도 상관없다고 생각한 것일까. 문자나 이메일은 편리하긴 하지만 자칫 잘못 사용했다가는 큰 코 다치기 십상이다.

2006년에 야마구치 현 슈난 시 고등전문학교에서 한 여학생이 같은 학과 남학생에게 살해당하는 참혹한 사건이 일어났다. 가해자 남학생이 자살하여 끝내 진상은 밝히지 못했다. 당시 남학생의 부모는 사과를 했으나 그 방법이 도마 위에 올랐다. 교장 선생님 앞으로 이메일을 보내 사과를 한 것이다. 피해자의 유족에게 직접 찾아가기는커녕 간접적으로, 게다가 이메일로 말이다. 불난 집에 부채질하는 꼴이라는 것을 생각하지 못했을까. 백보 양보해서 이메일이 아니라 자필로 쓴 편지라 해도 그럴 텐데 말이다.

사과할 때는 직접 '대면'하는 것이 기본이다. 이것은 하늘이 두 쪽이 나도 꼭 지켜야 할 규칙이다. 이메일이나 팩스, 전화나 편지 등은 진심을 쉽사리 전할 수 없기 때문이다.

미국 하버드 메디컬스쿨의 정신과 의사인 에드워드 할로웰 Edward M. Hallowell은 이메일은 분명 편리한 도구이지만 '진정한 커뮤니케이션'을 하려면 직접 만나서 접촉하는 것이 꼭 필요하다고 지적하고 있다. 그는 '하이테크 시대이기 때문에 더욱 마음이 담긴 하이터치가 필요'하다고 강조했다. 이메일로는 자신의 마음을 상대방에게 전하기 어렵다. 설사 제아무리 글 솜씨가 빼어난 사람일지라도 직접 만나서 커뮤니케이션을 하는 것에는 대적할 수 없다.

상대방에게 폐를 끼쳤을 때, 전화나 이메일로 '즉시 그쪽으로 찾아가겠다'고 연락을 취하는 게 좋다. 하지만 실제로 사과할 때는 직접 대면하지 않으면 그냥 넘어갈 수 있는 일도 쉽사리 용서받기 힘들다.

이메일이나 전화로 클레임을 받았을 때 똑같이 이메일이나 전화로 사과하면 상대는 마음을 열지 않을 것이다. 입이 닳도록 같은 말을 반복하며 응대하는 수고를 감수해야 한다. 하지만 "직접 만나뵙고 사과드리겠습니다" 하고 양해를 구한 후, 만나서 사과를 하면 상대는 거의 대부분 바로 사과를 받아들인다고 한다.

무슨 일이 생기면 즉각 자신의 발로 상대방을 찾아가자. 직접 만나면 단번에 용서해줄 일도 이메일이나 전화로는 좀처럼 용서받기 힘들 테니 말이다.

point!

문자나 이메일은 편리한 대신에 잘못 사용하면 큰 코 다친다.

사과는 담백하게, 솔직하게

보험용 사과의 역설
구구절절하면 역효과 난다.

보통은 폐를 끼치고 나서 사과하는 것이 일반적이지만 폐를
끼치기 전에 미리 사과하는 화법이 있다. 이를 **사전 사과법**이
라 한다.

'알겠습니다. 최선을 다하겠습니다만 잘 안 될 수도 있습
니다. 그때는 부디 너그럽게 봐주십시오.'
'어떻게든 상사와 담판을 짓겠습니다. 하지만 설득에 실패
하더라도 부디 너그럽게 용서해주십시오.'
'잠시 스케줄을 확인한 다음에 바로 연락드리겠습니다. 혹

시라도 일정이 안 맞아서 계약에 차질이 생긴다면 정말 미리 죄송하다는 말씀 드립니다.'

이처럼 처음에 미리 사과하는 것이 사전 사과법이다. 아직 폐를 끼치지도 않았는데 사과를 해두면 상대방은 화를 내고 싶어도 낼 수가 없다. 당신이 이미 사과했기 때문에. '뭐, 처음부터 어렵다고 했으니까' 하고 스스로 납득하고 화를 내지 못한다.

조금이라도 폐를 끼칠 것 같은 불안한 마음이 들면 사전 사과법을 활용하자. **혹시라도 남에게 폐를 끼쳤을 때 '보험'이 된다.**

아닌 밤중에 홍두깨 같은 이야기를 갑자기 듣게 되면 화부터 치민다.

"당신이 분명히 값을 깎아준다고 해서 샀잖아!" 하고 화를 내기도 한다. 상황에 따라서는 값을 깎아주는 것이 어렵다, 정말 죄송하다고 사전에 사과해두지 않은 당신의 불찰이다. 다만 너무 구구절절하게 사전에 사과하면 오히려 역효과가 난다.

미국 아이오와주립대학의 심리학자 제임스 매켈로이James McElroy는 어느 판매원이 "상품의 품질이 떨어지고 타사와 경쟁이 심해져서 목표치를 달성하지 못할 것 같습니다" 하고 상사에게 딱 한 번 사전에 사과하는 경우와, 여러 번 사전에 사과하는 경우를 예로 들어 그 판매원에 대한 인상을 물어보았다. 그러자 딱 한 번 사전에 미리 사과했을 때 평가가 좋았다고 한다.

여러 번 사전에 사과를 하면 집요하다는 느낌을 줄 수 있다. 사과할 때는 딱 한 번만 가볍게 전하면 충분하다는 사실을 기억해두자. '주의하고 또 거듭 주의하여……' 이렇게 몇 번이고 사과하고 싶은 마음은 알겠지만 사전에 하는 사과는 딱 한 번만 하는 것이 좋다.

사전 사과는 딱 한 번만, 가볍게 전하면 충분하다.

때로는 사과보다 감사가 힘이 세다

감사의 화법
감사의 테크닉으로 정반대의 인상을 줄 수 있다.

남에게 폐를 끼쳤을 때, 사과하는 게 기본이지만 전혀 다른 방법이 없는 것은 아니다. 바로 '감사'라는 테크닉이다. 이를테면 누군가와 약속을 했는데 지각을 했다고 하자. 이럴 때는 "미안, 늦어서"라고 사과하는 것도 물론 좋지만, "우와~ 30분이나 기다려줬네. 가고 없으면 어쩌나 했는데. 정말 고마워!" 하고 감사의 말을 하는 것도 괜찮은 방법이다.

감사의 말을 들으면 기분이 좋다. 지각한 사람을 기다리는 일은 기분 좋은 일은 아니지만 활짝 웃는 얼굴로 "기다려줘서 고맙다"는 감사의 말을 들으면 짜증은 눈 녹듯이 사라지고 기분이 좋아진다. 어디까지나 그때그때 상황에 따라 다르지만 사과보다 감사의 말을 하는 것이 좋을 때가 있다는 것을 알아 두기 바란다.

미국 펜실베이니아대학의 심리학자 애덤 그랜트Adam Grant 는 성가신 작업을 요하는 실험을 부탁한 후에 "정말 고마워!" 하고 감사의 말을 하면, "실은 한 가지 더 해야 할 작업이 있는 데 그것도 좀 부탁할 수 있을까?" 하고 의뢰했을 때 66%가 흔 쾌히 응했다고 보고했다. 참고로 감사의 말을 하지 않고 두 번 째 부탁을 의뢰했을 때는 32%만 들어줬다고 한다.

번거롭고 성가신 일을 부탁받아도 '고마워!'라는 말을 들 으면 우리는 기분이 좋아져서 더 성가신 일까지 해주고 싶어 진다. "성가신 일을 부탁해서 미안해"라고 사과를 하기보다 "정말 고마워!" 하고 감사의 말을 하는 것이 좋다.

감사의 말은 우리의 자존심을 자극한다. 왠지 낯간지럽기도 하지만 묘하게 기분이 들뜬다. 그러한 기분을 맛볼 수 있다면 조금 피해를 입더라도 용납할 수 있다. 아니, 용납한다기보다 조금 더 폐를 끼쳐줬으면 좋겠다는 마음까지 든다.

신입사원 중에는 얼빠진 실수를 해서 모두에게 폐만 끼치고 다니는데도 인기가 있는 사람이 있다. 아마 그 신입사원은 모 두에게 '감사합니다!'를 연발하고 다닐 것이다.

'도와주셔서 정말 한시름 놓았습니다! 감사합니다!', '앞으로도 많은 지도 부탁드립니다. 감사합니다!' 하고 말하면 아무리 폐를 끼치고 다녀도 미워할 수가 없다.

'죄송합니다, 죄송합니다!' 하고 사과의 말만 연발하면 무능하다는 느낌을 주고 일 못하는 사람으로 낙인찍힐 것이다. 하지만 '고맙다'는 말을 연발하면 '앳되고 순진해서 예쁘게 봐줄 수 있다'는 정반대의 인상을 줄 수 있다.

point!

"성가신 일을 부탁해서 미안해"보다 "정말 고마워!" 하고 감사의 말을 하라.

용서는 마음에 여유가 있다는 증거다

용서의 법칙
용서는 마치 적금과 같다.

지금까지는 남에게 폐를 끼쳤을 때 어떻게 사과하는 것이 좋을지에 관해 여러 사례를 들어 이야기했다. 마지막으로 반대의 입장을 생각해보자. 즉, 상대방에게 피해를 입었을 때다. 이럴 때는 웃으며 용서해주는 것이 인상을 좋게 하는 비결이다. 당신에게 잘못을 한 사람은 마음속으로 반성하면서 미안하다는 생각을 하고 있을 것이다. 그럴 때 웃으면서 용서해주면 굉장히 고맙지 않을까. 아울러 당신을 '관대한 사람', '그릇이 큰 사람'이라 생각한다.

2000년 7월 4일 20세기 최후의 미국 독립기념일에 있었던 일화다. 뉴욕 항에는 독립기념일을 축하하는 해상 기념식에 참가하기 위해 세계 각국의 범선과 해군 함정이 모여들고 있었다. 그 이튿날 영국의 호화 여객선 퀸 엘리자베스 2호가 허드슨 강 물살에 떠밀려 일본의 해상 연습함정인 카시마의 뱃머리에 쾅 하고 부딪치고 말았다. 퀸 엘리자베스 2호 선장은 즉각 기관장과 항해사를 파견하여 사과의 메시지를 전했다고 한다.

한편, 카시마의 선장은 '다행히도 손상이 미미해서 특별히 신경쓰지 않습니다. 그것보다도 여왕 폐하께서 입맞춤을 해주셔서 영광입니다' 하고 회답했다. '퀸 엘리자베스 2'라는 여왕의 이름을 붙인 배와 접촉사고가 난 것을 '입맞춤을 했다'고 말하면서 웃으며 용서한 것이다. 재치 넘치는 선장의 발언은 곧바로 화제가 되어 《타임즈》와 《이브닝 스탠더드》 등에 소개되었다.

웃으며 용서할 수 있는 것은 마음에 여유가 있다는 증거다. 이러한 태도는 당신의 인상을 좋게 한다. 아무리 상대방에게 잘못이 있더라도 핏대를 세워가며 야단치거나 윽박지르는 것은 어른스러운 대응이 아니다. 냉정하고 화통하게 "아, 신경쓰지 마세요" 하고 웃으며 용서해주는 것이 정답이다. 야단맞은 사람은 자신이 잘못했음을 인정하면서도 야단친 사람을 한없이 원망하게 된다. 당연히 그 사람과의 관계도 끊어진다. 상대방이 아무리 잘못을 해도 또 아무리 화가 치밀어도 꾹 참고 웃으며 용서해주자.

네덜란드 암스테르담자유대학의 심리학자 아서 클라프웨이크Arthur Klapwijk는 모의 교섭 실험에서 설령 상대방이 비협조적인 태도를 보이더라도 이쪽에서 관대하게 행동하면, 상대방도 태도를 누그러뜨려 좋은 결과를 얻을 수 있다는 사실을 확인했다.

또한 **관대한 태도를 보이면 신뢰감을 높일 수 있다.**

상대방이 잘못을 했을 때 관대하게 용서해주면 당신은 상대방으로부터 절대적인 신뢰를 얻을 수 있다. 게다가 일단 먼저 관대하게 용서해주면 나중에 이쪽에서 잘못을 하더라도 용서해줄 것이다. '예전에 나도 잘못을 한 적이 있으니까' 하고 말이다. 다시 말해 상대방을 용서해주는 것은 나중에 이쪽에서 잘못을 해도 용서받을 수 있는 저금이나 다름없다.

상대의 잘못을 용서하는 관대함도 필요하다.

PART 4

어떻게 하면
기억에 남는 사람이 될까?

첫인상이 희미하다면
깜짝 선물도 좋다

'존재감 없는 사람' 카테고리
어떻게 하면 기억에 남는 사람이 될까?

첫인상이 희미한 사람은 어떻게 하면 상대방의 기억에 남는
사람이 될 수 있을까.

'어? 이런 사람이 있었나?'
'어어, 이름도 얼굴도 기억이 안 나.'
'무슨 말을 했는지 전혀 기억나지 않아.'

이런 사람으로 기억되고 싶지는 않을 것이다. 첫인상이 나
쁜 것도 생각해봐야 할 일이지만 전혀 인상에 남지 않는 것은

더더욱 생각해봐야 할 일이다. 왜냐하면 당신은 **'존재감이 없는 사람'의 카테고리에 이름을 올렸기 때문이다.**

자, 어떻게 해야 상대방에게 인상을 강하게 남길 수 있을까. 또 어떻게 해야 인상이 희미한 사람이 사람들에게 호감 가는 두 번째 인상을 줄 수 있을까.

첫 번째 방법은 깜짝 놀랄 만한 뭔가를 해야 한다. 상대방에게 깊은 인상을 남기려면 '어, 이 사람 좀 특이하네' 하는 생각을 하게 만들어야 한다. 남들과 똑같이 하면 깊은 인상을 남기기 어렵다. 인상을 돋보이게 하려면 깜짝 놀랄 만한 뭔가가 필요하다. 가장 손쉬운 방법은 선물이다. 우리는 **자신에게 선물한 사람을 잘 기억한다.** 더군다나 예기치 않은 선물을 받으면 더욱 인상에 남는다.

보통 처음 만날 때는 자그마한 선물 하나 정도 들고 가기도 하지만, 두 번째 만날 때 선물을 준비해가는 사람은 손에 꼽을 만큼 드물다. 그렇기 때문에 두 번째 만날 때 선물을 준비해가는 것이 좋다. 그때 건네는 선물은 처음에 건넨 선물 이상의 효과가 있다. 왜냐하면 상대방은 선물을 받으리라고 전혀 기대하지 않았기 때문이다.

미국 뉴욕시립대학의 심리학자 애너 발렌수엘라Anna Valenzuela는 어느 한 서점에서 그곳을 방문한 사람들에게 2달러 상당의 깜짝 선물을 주자 아무 기대가 없었던 만큼 훨씬 더 기뻐했다고 한다.

비용을 들일 필요는 없다. 1만 원 정도의 가벼운 선물은 아무데서나 살 수 있다. 부담 없는 선물을 들고 가면 당연히 당신의 인상은 좋아질 것이고 상대방의 기억에도 남을 것이다. 아무리 인상이 희미한 사람일지라도 매번 방문할 때마다 작은 선물을 들고 가면 '아, 마들렌을 들고 온 ○○○ 씨다'라든가 '건포도 케이크를 들고 온 ○○○ 씨다'라고 상대방의 기억에 또렷이 남는다. 아울러 좋은 인상을 남길 수 있다.

 point!

첫인상이 희미하다면 기억에 남는 방법을 생각해야 한다.

'명함을 깜빡한 사람'으로 '기억되기'

희미한 인상의 법칙
좋은 인상을 줄 기회는 반드시 있다.

인상이 희미해서 존재감이 없는 사람은 처음에 일부러 명함을 깜빡한 척하는 것도 좋은 아이디어다. '가뜩이나 인상이 희미한데 명함마저 안 가지고 가면 더욱 더 인상을 남기기 힘들지 않을까?', 특히나 비즈니스 관계에서 '명함을 가지고 다니지 않으면 무책임한 사람처럼 보여 나쁜 인상을 주지 않을까?' 하고 걱정할지 모른다.

하지만 그렇지 않다. 깍듯하게 머리를 숙여 사과하고 다시 나중에 명함을 우편으로 보내면 오히려 좋은 평가를 받을 수 있다. 또한 명함을 우편으로 보낼 때 부담가지 않는 작은 선물을 동봉하면 좋다. 뜻밖의 깜짝 선물을 받은 사람은 당신에게 호감을 갖는다. '자기 명함 하나도 못 챙기는 칠칠치 못한 사람'이 아닌, '똑 부러지게 일 잘하는 괜찮은 사람'이라는 인상을 남길 수 있다.

명함을 깜빡한 실수 덕분에 '사과의 선물을 하는' 구실을 얻는 셈이다. 이유를 만들어 수시로 선물하는 것이 호감 가는 사람으로 거듭나는 비결이다.

미국 컬럼비아대학의 심리학자 프랜시스 플린Francis J. Flynn 은 통신 관련 기업에서 일하는 회사원 161명을 대상으로 조사한 결과 **동료나 상사, 부하에게 인기 있는 사람은 '선물하는 빈도가 높다'**는 사실을 확인했다.

상대방의 생일은 물론이고 가족의 생일, 또는 만족할 만한 성과를 달성했을 때, 그때마다 축하 선물을 꼼꼼히 챙기는 사람을 마다할 사람은 아무도 없다. 사람은 타산적이라서 뭔가 받는 것을 정말 좋아하기 때문이다.

인색한 사람과는 상종하지 마라. 인색한 사람은 어디서나 미움을 받는다. 반대로 남에게 뭐든 베풀 줄 아는 사람은 사랑받는다. 통 크게 기분을 낼 줄 아는 사람은 확실히 사랑받는다.

처음 만나는 자리인지라 뭔가 간단한 선물을 들고 갔다고 하자. 그것만으로도 상대방은 충분히 기뻐할 테지만 깜짝 놀랄 정도는 아니다. 이따금 선물을 받아봤기 때문이다. 하지만 명함을 깜빡한 사과의 뜻으로 선물을 주는 사람은 흔치 않기 때문에 상대방에게 인상을 강하게 남길 수 있다. 또한 사과를 핑계로 선물하는 것이 목적이라면 명함뿐만 아니라 일부러 지각해서 지각을 빌미로 나중에 사과의 선물을 하는 것도 이론상으로는 생각해봄 직하다. 다만 누군가를 기다리는 일은 짜증나는 일이라서 매우 나쁜 인상을 줄 위험이 있다.

반면 비즈니스 관계라 해도 명함을 받지 못했다고 진심으로 화를 낼 사람은 없다. 명함을 받지 못했다고 무슨 큰일이 나는 것도 아니기 때문이다. '회사에 돌아가자마자 바로 보내드리겠습니다' 하고 말하면 대부분 순순히 받아들인다. 명함을 깜빡하는 정도의 가벼운 실수는 선물할 수 있는 구실을 만들어주고 아울러 미움을 살 일이 없어 안전하다.

point!

나중에 반드시 명함을 챙겨 보내주면 오히려 좋은 평가를 받을 수 있다.

명함은 한번만 주는 것이 아니다

기억의 법칙
의미 있는 정보와 세트로 만들어라.

남의 이름을 기억하기란 참 어렵다. 눈에 띄는 특이한 이름이라면 몰라도 평범한 사람의 이름을 기억하려면 많은 수고가 따른다. 왜냐하면 이름이란 기본적으로 '의미가 없는 정보'이기 때문이다. 내 이름 나이토 요시히토에는 어떤 필연적인 이유가 있는 것이 아니다. 이러한 정보는 기억하기가 무척 어렵다.

'저기, 음……, 이름이 뭐였더라?'

'어떡하지, 이 사람 이름이 생각나지 않아.'

두 번째 만남인데 누구나 이런 경험이 있을 것이다. 이렇게 말하는 나 또한 이름을 금방 잊곤 해서 구태여 외우려고 애쓰지 않는다.

어떻게 하면 자신의 이름을 기억하게 할 수 있을까.

이름 이외의 정보를 제공하여 상대방의 기억에 남게 하면 된다. 기억하기 쉬운 것과 세트로 묶어 이름을 기억하게 하면 좋다.

'18900'이라는 숫자는 그 자체만으론 기억하기 힘들다. 의미가 없는 정보이기 때문이다. 하지만 금액이라는 정보를 세트로 묶어 '1만 8천 9백 원'으로 바꾸면 한결 기억하기 쉽다. 정보량이 늘긴 하지만 기억하기 힘들기는커녕 오히려 쉽게 기억에 남는다. 기억해야 할 정보량이 늘어나도 '나이토 요시히토'보다 '심리학자 나이토 요시히토'가 상대방에게는 의미 있는 정보가 되기에 기억하기 쉬운 것이다.

직함과 세트로 묶어 이름을 기억하게 하는 것도 좋지만, 이왕 기억하는 김에 '얼굴'까지 기억해주기를 바란다면 '얼굴 사진'을 명함에 추가하는 것이 좋다.

미국 렌슬러폴리테크닉연구소의 사회심리학자 조셉 왈서 Joseph B. Walther는 글자만 있는 프로필보다 얼굴 사진을 붙인 프로필이 상대방도 기억하기 쉽고 호감을 끌 수 있다는 실험 결과를 발표했다.

이름만 있는 명함을 건네면 당신의 인상은 금방 사라진다.
아마 상대방은 다음날이면 당신을 기억하지 못할 것이다. 이름만 새겨져 있는 명함이 쌓이다 보면 누가 누군지 알 수 없어 결국 쓰레기통행을 면치 못할 것이다. 하지만 얼굴 사진이 붙어 있는 명함은 볼 때마다 자연스레 당신의 이름과 얼굴이 떠오른다. 또 얼굴 사진이 들어간 명함은 왠지 버리기 망설여진다. 다시 말해 상대방이 계속해서 소장할 가능성이 높다는 말이다.

회사에서 지급받은 명함에 얼굴 사진이 없으면 자기 돈을 부담해서라도 얼굴 사진이 들어간 명함을 새로 만들자. 얼마간의 지출로 당신의 인상이 좋아진다면 이보다 더 좋은 일은 없다. 명함을 새로 만드는 데 든 비용 이상으로 확실하게 본전을 뽑을 수 있다. 절대 손해 보지 않을 것이다.

point!

내 이름을 기억하기 쉬운 정보와 세트로 묶어라.

만날 때마다 명함을 건네라

배려의 법칙
미안해서 말 못하는 상대를 미리 고려한다.

여러분은 받은 명함을 하나하나 전부 보관하고 있는가.

"중요한 명함은 보관하고 있지만 나머지는 적당히 처분하죠."

실제로 대개 사정이 이러할 것이다.

여러분이 타인의 명함을 쉽게 버리듯이 상대방도 여러분의 명함을 버릴 것이라 간주하면 된다. 즉, 인상이 희미한 당신의 명함은 상대방이 보관하지 않고 버린다고 생각해야 한다.

대부분의 사람은 한 번 명함을 건네면 다음에 만날 때 명함을 다시 건네지 않는다. '이미 줬으니까' 하고 안심한다. 하지만 그러면 안 된다. 상대방은 이미 당신의 명함을 어딘가에 버렸을 가능성이 있다. 두 번째든 세 번째든 만날 때마다 명함을 건네는 것이 중요하다.

입장을 바꿔서 생각해보자. 상대방은 명함을 버렸어도 '당신같이 인상이 희미한 사람의 명함은 진작 버렸어' 하고 말하지 못한다. 명함을 다시 달라는 말이 차마 입에서 안 떨어진다. 그런 상대방의 마음을 헤아려 다시 한 번 명함을 건네자.

"저는 명함을 주는 것을 좋아해요."

"저는 색상별로 명함을 갖고 있어요. 이번에는 이 명함을 드릴게요."

"지난번 명함에는 제 개인 핸드폰 번호가 빠져 있었어요. 다시 새로 드릴게요."

"만나뵌 지 벌써 반년이 지났네요. 다시 명함을 드리겠습니다."

이유는 얼마든지 갖다붙여도 좋다. 아무튼 상대방이 당신의 명함을 버렸다고 간주하고 두 번이고 세 번이고 명함을 주도록 하자.

대부분의 사람은 교환한 명함을 바로 버린다. 하지만 명함을 버렸다고 말하면 실례가 되니 다시 '명함을 달라'는 말을 하지 못하고 머뭇거리는 사람이 의외로 많다.

뉴질랜드 캔터베리대학의 가스 플레처Garth Fletcher 박사는 '이상적인 사람'에 관한 설문조사를 했다. 그 결과 52%가 '배려심이 있는 사람'을 꼽았다고 한다.

상대방의 마음을 헤아려주고 매사 배려하며 행동하는 사람을 좋아한다는 말이다.

명함은 돈이 얼마 들지도 않는다. 만날 때마다 건네자. 두 번째든 세 번째든 망설일 필요가 없다. 어차피 상대방은 버렸을 테니까. 그러다 보면 "명함 이제 그만 주세요. ○○○ 씨 명함 있어요"라고 말할지 모른다. 그때까지 계속해서 주면 좋다.

유흥업소에서 일하는 사람들은 설령 안면이 있는 손님일지라도 명함을 건넨다. 십중팔구는 명함을 버렸을 것이라 보고 마주칠 때마다 명함을 건넨다. 손님 입장에서는 자꾸 받다 보면 고맙기도 하고 또 왠지 미안한 마음이 들어 다시 한 번 발걸음하게 된다.

명함 건네는 일을 주저하지 말자. 결코 헛된 투자가 아니다.

 point!

'명함을 다시 달라'는 말을 하지 못하는 사람이 의외로 많다.

첫 만남에서 다음 약속을 잡아라

첫 만남의 법칙
다음 약속에서 이유는 뭐든 괜찮다.

첫 인상이 희미한 사람은 두 번째 약속을 잡는 것이 어렵다고 하나같이 입을 모아 말한다. 어찌어찌해서 한 번은 만났지만 다시 약속을 잡기란 쉽지 않다는 말이다. 자기 어필에 서툰 남성이 데이트 신청을 할 때도 마찬가지다. 겨우겨우 한 번은 데이트할지 모르지만 또 다시 데이트를 신청할라치면 '바빠서' 또는 '시간이 없어서'라는 이유로 거절당하는 일이 허다하다.

어떻게 하면 다시 만날 약속을 잡을 수 있을까.

방법은 간단하다. 첫 만남에서 다음 약속을 잡으면 된다.

작가 사토 마사루는 그의 저서 《남을 속이는 술수》에서 다음과 같은 테크닉을 소개하고 있다.

'다시 이 사람을 만나고 싶다', '이 사람과 연줄을 맺고 싶다'고 생각한다면 처음 만났을 때 상대방한테 뭔가를 빌리라는 것이다. 예를 들어 만난 장소가 상대방이 일하는 사무실이라면 그곳에 있는 자료나 책을 빌리는 식이다. 그래야 '다음에 돌려드리겠습니다' 하는 이유가 생겨 다시 한 번 만날 기회가 생긴다.

어떻게든 '이유'를 만들어내는 것이 중요하다.

뭐든지 괜찮다. '이유'를 만들면 상대방도 쉬이 거절하지 못한다. 미운 털이 단단히 박힌 사람이라면 몰라도 그렇지 않다면 흔쾌히 다시 한 번 만나줄 것이다.

미국 하버드대학의 심리학자 엘렌 랭어Ellen Langer는 설령 이유 같지 않은 이유일지라도 'OOO니까', 'OOO라서'처럼 이유가 되는 말이 붙어 있으면 응할 확률이 높아진다고 지적하고 있다.

상대방한테 뭔가를 빌리는 행위는 다시 한 번 약속을 잡는 데 훌륭한 이유가 된다. "빌린 자료를 돌려드리려고 하는데요." 이렇게 말하면 상대방도 거절할 수 없다. 아울러 자료를 돌려주면서 재차 세 번째 약속을 잡으면 좋다. "자료를 빌린 답례로 이번에 점심을 대접하고 싶습니다" 하고. 이 경우도

'자료를 빌린 답례'라는 이유를 갖다붙이면 역시 상대방은 거절하지 못할 것이다.

상대방을 자주 만나고 싶다면 연달아 다음 약속을 잡아두자. 처음에는 두 번째, 두 번째에는 세 번째 약속을 잡고 나중에는 일정과 장소를 조정하기만 하면 언제든지 만날 수 있는 단계까지 끌고 가자.

인상이 희미한 사람은 '어떻게 하면 다시 한 번 만날 수 있을까' 하는 고민을 많이 한다. 방법은 간단하다. 다음 약속을 잡으면 된다.

이유 같지 않은 이유일지라도 'ㅇㅇㅇ니까', 'ㅇㅇㅇ라서' 등으로 이유가 붙어 있으면 응할 확률이 높아진다.

피부에 생기가 돌면
인상이 좋아진다

인상의 법칙
창백한 얼굴은 인상이 희미하다.

첫인상이 나쁘거나 인상이 희미한 사람에게 공통되는 특징이 있다. 바로 '피부에 윤기가 없다'는 점이다. 이성에게 인기가 없는 사람의 특징이기도 하다. 동물도 마찬가지다. 수컷이나 암컷이나 털과 피부가 반지르르하고 건강하게 보이는 것들이 이성에게 인기가 있다. 건강하게 보이는 것이 무엇보다 중요하다. 피부에 생기가 돌고 얼굴에서 광채가 나면 그것만으로 인상은 좋아진다.

싱가포르 난양공과대학의 캐서린 프리스Katherine Frith 박사는 싱가포르와 대만, 미국의 여성잡지에 나오는 모델 1,000

여 명을 대상으로 분석한 결과, 동양인 모델은 '피부'를 어필하는 경우가 55.2%로 많고, 미국 모델은 '옷'을 어필하는 경우가 46.8%로 많다는 사실을 확인했다.

동양인은 유독 피부에 관심이 많다는 말이다. 얼굴 혈색이 나빠서 어딘가 아파 보이면 매력이 반감된다. 먼저 건강하게 보이는 것이 중요하다. 피부가 꺼칠꺼칠하면 화장수나 크림을 듬뿍 발라 촉촉하게 만들자. 기름기가 많은 얼굴의 남자를 선호하지는 않지만 푸석푸석한 얼굴보다는 낫다. 기름기가 있으면 윤기 흐르는 피부처럼 보이기 때문이다. 실제로 열정적으로 일을 하는 남성은 얼굴에 기름기가 많아도 호감도가 떨어진다기보다 오히려 인기가 많다. 별로 인상이 나쁘지 않다.

여성이라면 하이라이트를 사용하자. 펄이 들어 있는 하이라이트파우더는 피부를 반짝반짝하게 해서 얼굴이 빛나 보인다. 브러시로 눈썹 끝에서 광대뼈 위쪽으로 가볍게 파우더를 바르면 무척 매력적으로 보인다.

또한 **생글생글 웃는 것을 항상 잊지 말아야 한다.** 생글생글 웃는 얼굴을 하면 자연스레 표정 근육이 단련된다. 나이를 먹을수록 피부가 늘어나고 축 처진다. 그래서 주름이 생기고 늙어 보이지만 웃는 얼굴을 지어 표정 근육을 단련시키면 생기 발랄한 얼굴이 된다. 평소 사람을 만날 때는 웃는 얼굴을 짓도록 노력하자.

"남자는 얼굴이 아니다."

"외모를 신경쓰기보다 내면을 신경써라."

종종 이런 말을 하곤 하지만 그래도 역시 생기가 돌고 윤기 흐르는 피부가 좋다. 매일 피부를 가꾸면 공을 들인 만큼 당신의 인상은 좋아질 것이다. 당연히 상대방에게도 기억에 남는 얼굴이 될 테고 말이다.

얼굴이 창백한 사람은
살짝 태워라

건강한 인상의 법칙
건강하게 보여야 매력적이다.

실외활동을 거의 하지 않는 사람의 얼굴은 창백하다. 건강하게 보여야 매력적으로 보인다. '미백美白'이라는 말이 있다. 예로부터 얼굴이 못생겨도 피부가 하야면 예쁘게 보인다고 했다. 하얀 피부는 매력적으로 보이지만, 그렇다 하더라도 창백한 사람은 기운도 없고 생기도 없고 패기도 없어 보여 매력을 느끼기 힘들다. 남성은 피부를 살짝 햇볕에 태우면 건강미가 넘쳐 보인다.

메이지대학의 취업담당 과장이었던 니시 이사오가 쓴 《면접에서 이기는 법》이라는 책에는 취업을 앞둔 남학생에게 살짝 피부를 햇볕에 태우라는 조언이 나온다. 창백하고 비실비실한 인상으로는 면접관에게 좋은 인상을 주기 힘들다. 살짝 피부를 햇볕에 태워서 건강미가 넘치고 다부진 인상을 주라고 조언하고 있는 것이다. 심리학적인 관점에서도 맞는 말이다.

호주 멜버른대학의 매리타 브로드스톡Marita Broadstock 박사 연구팀은 햇볕에 탄 피부 상태를 컴퓨터로 얼마간 조정한 사진들을 만들어 학생 191명에게 보여주고 인상을 물어보았다. 그 결과 다음의 표와 같은 결과를 얻을 수 있었다.

피부 상태에 따른 인상의 차이

	햇볕에 타지 않음	가볍게 태움	중간 정도	새까맣게 태움
건강미가 느껴짐	38.1%	56.8%	60.6%	44.5%
매력적으로 보임	38.0%	56.5%	60.6%	45.6%

창백한 얼굴은 건강미가 느껴지지 않고 또 매력적으로도 보이지 않는다. 가장 평판이 좋은 것은 가볍게 또는 중간 정도로 햇볕에 그을린 얼굴이다. 다만 너무 새까맣게 탄 얼굴은 불량배처럼 보이거나 경박하게 보여 그다지 인상이 좋지 않았다. 얼마나 태워야 할지 적정선을 가늠하기 어렵지만 **살짝만 햇볕**

에 그을린 정도가 바람직하다.

나는 햇볕에 잘 타는 체질이라 딱히 햇볕에 태우려고 하지 않아도 금세 피부가 타버린다. 선크림을 듬뿍 발라도 별 소용 없다. 그래서 아주 건강하게 보일 때가 많다.

조금만 생각해보면 알 수 있듯이 이파 보이는 사람과 군이 대인관계를 맺고 싶어 하는 사람은 없을 것이다. 또 그런 사람과 함께 비즈니스를 하고 싶어 하는 사람도 없을 테고 말이다.

사람을 만난다면 활력이 넘치고 건강해 보이는 사람이 좋다. 그런 건강한 이미지를 만들려면 살짝 피부를 햇볕에 태우면 된다.

연구 결과, 가장 평판이 좋은 것은 가볍게 또는 중간 정도로 햇볕에 그을린 얼굴이다.

클린턴 대통령의 높은 인기는
이 자세 덕분이었다?

자세의 법칙
자세는 인상을 좌우한다.

사람을 만날 때는 상대방을 정면으로 마주보아야 한다. 무게 중심을 몸 중심에 두고 몸이 한쪽으로 기울지 않도록 주의해야 한다.

미국 신시내티대학의 지니 해리건Jinny Harrigan 박사는 남자 의사 5명과 여자 의사 4명이 실제로 환자를 진료하는 장면을 비디오로 녹화하여 분석했다. 그 결과 환자들이 싫어하는 의사는 모두 하나같이 환자를 쳐다보지 않고 이야기한다는 사실을 알 수 있었다.

정면으로 환자를 쳐다보지 않는 의사에게 환자들은 불쾌감을 드러냈다. 그들은 책상 위에 놓인 진료기록 카드나 컴퓨터 화면만 주시하고 환자가 앉은 쪽으로 몸을 돌리지 않았다.

반대로 환자와 똑바로 마주보고 진료하는 의사에게 환자들은 호감을 가졌다. 진료기록 카드를 보더라도 환자와 말을 할 때는 반드시 의자 방향을 돌려서 정면으로 마주보았다. 지니 해리건 박사에 의하면 몸을 상대방 쪽으로 돌리고 '배꼽'이 향하게 앉으면 '따스함'과 '공감대'를 느낄 수 있다고 한다. 한마디로 포인트는 배꼽이다.

사람과 만날 때는 반드시 자신의 배꼽이 상대방을 향하도록 주의한다.

빌 클린턴 전 미국 대통령은 같이 있는 사람을 편안하게 하는 달인이라 불렸는데 그 이유는 몸을 상대방 쪽으로 돌리고 배꼽이 상대방을 향하도록 했기 때문이다. 반대로 부인인 힐러리 클린턴은 지지자와 말할 때도 얼굴만 돌리는 버릇 때문에 차가운 인상을 준다고 FBI 조사관인 재닌 드라이버Janine Driver가 자신의 저서 《거짓말을 간파하는 기술You Can't Lie to Me》에서 지적한 바 있다.

사기꾼들은 모두 배꼽에 신경을 쓴다.

아무리 바빠도 가령 직원이 말을 걸어오면 얼굴만 돌리지 말고 상대방 쪽으로 몸을 돌려서 경청하자. 직원에게 존경과 신뢰를 받을 것이다. 고객이 불렀을 때, 설령 한창 작업 중일지라도 역시 얼굴만 돌려서 응대하지 말고 잠시 작업하던 손을 멈추고 정면으로 마주보면 고객의 평판이 좋아진다.

인상이 나쁜 사람은 삐딱하게 몸을 기울이고 있는 경우가 많다. 몸을 비딱하게 돌리고 있어 어딘지 모르게 차가운 느낌을 주고 친밀감을 느끼기 어렵다.

여러분은 사람을 만날 때 상대방 쪽으로 몸을 돌리고 정면으로 마주보고 있는가. 만약 그것을 잊고 있었다면 다음부터는 몸을 돌려 정면으로 바라보기 바란다. 그것만으로도 상대방을 편안하게 하고 안락한 분위기를 자아낼 수 있다.

비딱하게 앉으면 인상이 나빠 보인다.

배꼽이 상대방 쪽으로 향하게 앉으면
따스함과 공감대를 줄 수 있다.

탁자 위에 휴대전화를 올려두지 마라

관계의 법칙
당신이 소중하다는 사인을 줘야 한다.

누군가를 만날 때 열에 아홉은 탁자 위에 휴대전화를 올려놓고 있다. 내가 만나는 사람 대부분이 그렇다. 상대방한테 엄청나게 실례라는 사실을 모르는 것일까.

휴대전화를 탁자 위에 올려두는 행위는 어떤 의미를 내포하고 있을까. 만일 누군가에게 연락이 오면 당신이 있든 말든 상관하지 않고 그쪽을 우선하겠다는 의사표시가 아닐까.

만일 눈앞에 있는 사람을 소중히 여긴다면 **휴대전화는 반드시 상대방의 눈에 띄지 않는 곳에 넣어 두어야 한다.** 설령 전화를 받을 생각이 없더라도 탁자 위에 올려놓는 것 자체가 이미 상대방에게 실례라는 인식을 갖도록 하자.

한창 이야기하고 있는 도중에 휴대전화가 울리면 그것만으로도 주의가 산만해진다. 탁자 위에 휴대전화를 두는 것은 아무 의미도 없고 백해무익하다.

영국 에식스대학의 심리학자 앤드류 프시빌스키Andrew Przybylski가 2012년에 발표한 논문에 따르면, 서로 처음 보는 사람과 10분 동안 대화를 나누는 중에 상대방이 탁자 위에 휴대전화를 계속 올려둔 채로 대화하면 대화를 마친 후에 '저 사람과는 친구가 될 수 없다'고 답한 사람이 증가했다고 한다.

또한 휴대전화를 탁자 위에 계속 올려둔 채로 대화를 이어가면 거의 100% 나쁜 인상을 주는 것으로 나타났다.

〈당신은 지금 바로 눈앞에 있는 나와 함께 있습니까?〉 이것은 앤드류 프시빌스키 박사의 논문 제목이다. 휴대전화를 탁자 위에 계속 올려놓고 있으면 누군가 다른 사람을 우선하고 있는 듯한, **바로 눈앞에 있는 사람을 무시하고 있는 듯한 이미지를 준다.**

내가 이런 이야기를 꺼내면 대개 '그런 것까지는 미처 생각해보지 못했다'는 반응을 보인다. 다시 말해 무의식적으로 반감을 사는 행동을 하고 있는 셈이다. 휴대전화를 탁자 위에 올려놓지만 않아도 당신의 인상은 한층 더 좋아질 것이다.

볼링장이나 노래방에서 같은 장소에 있으면서도 서로 입을 다문 채 저마다 휴대전화만 만지작거리는 모습을 때때로 목격한다. 그들은 같이 있어 재미있는 것일까. 같이 있는 사람에게 왜 배려를 하지 못하는 것일까.

누군가를 만날 때는 최소한 휴대전화 전원을 꺼두거나 아니면 웬만해서는 만지작거리지 말자. 이런 소소한 배려조차 못하면 인상이 좋아질 수가 없다. '휴대전화보다 당신을 소중히 생각하고 있다'는 의사를 강하게 표시하기 위해서라도 휴대전화는 어딘가 보이지 않는 곳에 집어넣자.

짧은 메일, 긴 기억

커뮤니케이션의 역설

아무말도 못했어. 나란 사람을 전혀 보여주지 못했어.

미국 카네기멜론대학의 심리학자 사라 키슬러Sara Kiesler는 세 명을 한 그룹으로 묶어 대화하게 하는 실험을 진행했다. 직접 대면하거나 아니면 채팅이나 이메일로 대화할지는 그룹별로 다르게 했다.

서로 나눈 대화를 분석한 결과, 직접 대면할 때는 어떤 특정한 한 사람만이 대화를 주도적으로 이끌어가는 경향을 볼 수 있었다. 한 사람만 일방적으로 말하고 나머지 두 사람은 주로 듣기만 했다. 반면 채팅이나 이메일에서는 한 사람만 대화를 독점하는 일은 없었다. 저마다 대등하게 비슷한 분량의 대화를 나누었다.

직접 대면하면 자칫 한 사람만 대화를 독점하기 쉽다. 누군가를 만날 때 상대방만 계속 떠들어대서 꿀 먹은 벙어리처럼 가만히 있었던 경험을 누구나 한번쯤은 해봤을 것이다. 만일 상대방만 계속 말한다면 당연히 당신은 자신을 어필하지 못해 인상을 강하게 남길 수 없다.

'아, 난 아무 말도 못하고 있었네. 나란 사람을 전혀 보여주지 못했어.' 이런 후회가 남는다면 즉각 이메일을 보내 상대방과 관계를 이어나가자.

이메일이라는 수단을 사용하면 **상대방만 대화를 독점하는 일을 막을 수 있다.** 직접 대면했을 때 자신을 제대로 어필하지 못했어도 이메일이라면 괜찮다.

'오늘 만나서 정말 감사했습니다. 저는 본디 긴장을 많이 하는 편이라 만났을 때 거의 아무 말도 못했습니다. 죄송했습니다. 간단히 메일로 다시 한 번 제 소개를 하겠습니다.……다시 메일을 보내겠습니다.' 이런 느낌으로 정중하게 자기소개를 하면서 어필을 하자. 직접 대면할 때는 상대방이 이야기를 많이 할 수 있도록 맞장구를 잘 치기만 하면 된다. 귀기울여 이야기를 들어주면 상대방도 좋아할 것이다.

하지만 이 방법은 **과감하게 자기 어필을 할 수가 없어 상대**

방의 기억에 오래 남지 않는다는 단점이 있다. 그것을 보완하려면 이메일을 꾸준히 주고받아야 한다. 이메일이라면 얼마든지 자기를 어필할 수 있다. 다만 너무 장문이 되지 않도록 한 통 한 통 적당한 분량으로 보내야 한다. 누구나 만나고 나서 아무 연락도 없는 사람보다는, 비록 만났을 때는 있는 듯 없는 듯 있었어도 이후에 연락을 자주 하는 사람에게 훨씬 더 친밀감을 느낀다.

이메일로 자신을 어필하는 것도 좋은 방법이다.

PART 5

두 번째 기회를 얻는
뜻밖의 심리기술

처음에는 까칠하게, 나중에는 온화하게

굿 캅 배드 캅 법칙
망설이는 사람도 있겠지만 이 방법은 효과 만점이다.

범죄수사 드라마의 신문하는 장면에서는 주로 험악한 얼굴로 고함을 치는 젊은 형사와 '자, 자……' 하면서 젊은 형사를 다독이는 나이 지긋한 형사가 콤비로 나오는 경우가 많다. 한 사람은 강압적인 태도를 취하고 다른 한 사람은 온화한 태도를 취한다. 이렇게 냉탕과 온탕을 오가다보면 대부분의 용의자는 인자한 형사가 하는 말을 듣는다. 젊은 형사가 소리를 지르면 용의자도 고집을 꺾지 않고 버티기로 일관한다. 필시 '내가 질 쏘냐!' 하는 오기가 생겼을 것이다. 하지만 그때 인자한 형사가 다가와서 다정하게 말을 건네면 눈시울을 붉히며 이내 자백한다.

　이러한 방법은 심리학에서는 '굿 캅, 배드 캅good cop, bad cop 테크닉'이라 한다. '굿 캅'은 '착한 형사'라는 뜻이고 '배드 캅'은 거칠고 난폭한 형사를 뜻한다.

　'그런 번거로운 절차를 밟지 말고 아예 처음부터 인자한 형사 혼자서 신문하면 되잖아' 하고 생각하는 사람이 있을지 모르겠다. 하지만 그러면 아무 소용이 없다. 저음에 젊은 형사가 일부러 고압적인 태도를 보였기 때문에 이후에 등장하는 베테랑 형사의 인자함이 빛을 발한 것이다. 이 테크닉은 기본적으로 2인 1조가 되어 실행하는 것이지만 여러분이 혼자서 두 사람 역할을 해도 똑같은 효과를 얻을 수 있다.

　요컨대 처음에는 아주 '무서운 사람'인 척하며 굉장히 나쁜 인상을 준다. 물론 이것은 어디까지나 전략이므로 나중에 회복할 수 있다. 전혀 걱정하지 않아도 된다. 충분히 나쁜 인상을 줬다면 손바닥 뒤집듯이 태도를 바꿔 다정한 목소리로 말하면서 신사다운 행동을 한다. 그러면 상대방도 안심하고 당신에게 경계심을 풀 것이다.

　사실 동화 〈북풍과 태양〉과 같은 방법은 조폭이 행하고 있는 테크닉이기도 하다. 이를테면 조폭이 돈을 회수할 때 처음에 탁자를 탕탕 내리치고 벽을 걷어차면서 심리적으로 공포감을 조성한다. 그러다 갑자기 나긋나긋하게 돌변하여 "거칠게 말해서 미안합니다. 제 사정 좀 봐주세요. 그냥 빈손으로 돌아갈 수 없습니다. 어떻습니까? 오늘은 10만 원이라도 좀 융통해주세요." 이렇게 자신의 요구를 낮추는 것이다. 상대방은 잔뜩 겁에 질린 상태라서 조폭이 엄청나게 양보를 많이 해준 것처럼 생각한다. 당연히 그것은 착각에 불과하지만 심리적으로 흔들리고 있는 상대방은 조폭을 온화한 사람이라 착각한다.

일부러 냉혹한 사람인 척 연기하는 것을 망설이는 사람이 있겠지만 이 방법은 매우 효과 만점이다.

학교 선생님 중에 첫날은 무서운 호랑이 선생님이라는 인상을 학생들에게 심어주고 그러다 한 달쯤 지나면 '뭐야, 정말 순하고 착한 선생님이잖아' 하는 생각이 들도록 테크닉을 구사하는 사람이 있다. 그런 선생님은 학생들이 함부로 대하지도 않거니와 그저 착하기만 한 선생님보다 인기가 많다.

단, 너무 오버하지 않도록 주의하자.

실수에 미리 예방주사를 놓아도 좋다

실수의 법칙
안하면 좋지만 미리 대비한다.

나쁜 인상을 주지 않으려면 어찌됐든 남에게 폐를 끼치지 않는 것이 가장 중요하다. 항상 상대방을 배려하고 빈틈없이 대응해야 진정한 어른이다. 하지만 발상을 전환해서 두 번째 인상으로 승부를 보려면 일부러 조금 폐를 끼치는 작전이 효과가 있다.

인플루엔자 같은 예방접종은 일부러 체내에 바이러스를 주사한다. 불활성화된 바이러스를 체내에 주입하면 신체가 바이러스에 대한 항체를 생성하여 질병을 이겨낼 수 있다.

일부러 민폐를 끼치는 작전은 예방접종과 같다고 생각하면 된다.

아무리 조심하고 주의를 기울여도 실수를 저지를 때가 있다. 그것이 인간이다. '인간은 누구나 실수를 저지른다'는 말도 있지 않은가. 아무리 주의해도 불가피하게 폐를 끼칠 때를 대비해 **일부러 조금 폐를 끼쳐두는 것**이다. 당연히 사전에 뒤처리 준비를 완벽하게 해둔다. 뒤처리를 어떻게 할지 정해두면 상대방에게 폐를 끼치더라도 재빠르게 처신하거나 쉽게 해결할 수 있다.

작가 후지이 다케히코가 쓴 《도쿄 디즈니랜드 마술상법 97》에 따르면 디즈니의 창업자 월트 디즈니는 '유원지 안에 쓰레기를 함부로 버리는 것은 어쩔 수 없다'고 체념했다. 쓰레기를 함부로 버리면 다른 고객에게 불쾌감을 안겨준다. 하지만 디즈니에서는 뒤처리, 즉 눈 깜짝할 사이에 직원이 말끔하게 뒤처리하는 대책을 강구했다.

커스토디얼Custodial이라 부르는 직원이 '토이 블룸'이라는 빗자루와 '더스트팬'이라는 쓰레받기로 후다닥 쓰레기를 처리한다. 디즈니 매뉴얼에는 "당신이 하는 일은 '청소'가 아닙니다. 청소라는 '쇼'입니다"라고 쓰여 있다. 고객은 쓰레기를 치우는 모습을 마치 쇼를 보는 것처럼 즐길 수 있다.

2001년 미국 미시간대학병원은 의료진의 의료과실은 어쩔 수 없는 일이라고 체념하고 의료과실 공표 프로젝트를 시작했다. 의료과실을 범하는 것은 어쩔 도리가 없지만 실수하면 솔직하게 인정하고 과실의 원인을 환자에게 설명하여 보상을 신청하도록 했다. 그러자 그때까지 과실을 공표하지 않았던 6년간에 비해, 이 프로젝트를 시작하면서 의료과실을 둘러싼 소송이 연간 39건에서 17건으로 절반으로 줄고 합의하는 데 걸리는 시간이 1.36년에서 0.95년으로 30% 단축되었다. 이 데이터는 미국 하버드메디컬스쿨의 부속 병원 중의 하나인 브리검 앤 우먼즈 하스피털BWH의 앨런 카찰리아Allen Kachalia가 보고한 것이다.

　폐를 끼칠 일을 생각해두자. 이후에 뒤처리를 완벽하게 하면 좋은 인상을 줄 수 있다.

실수를 대비해 미리 조금 폐를 끼쳐도 괜찮다.

아이스로 시작하고, 핫으로 끝낸다

온도의 법칙
따뜻한 음료는 마음까지 따스하게 한다.

대부분의 회사에서는 방문하면 커피나 차를 내오고 그것으로
끝이다. 한 잔만 대접하고 끝인 경우가 일반적이다. '한 잔 더
드릴까요?'라는 말을 들은 적이 없다. 카페가 아니니까 한 잔
이면 충분하다고 생각했을 것이다. 손님을 감동시키려면 한
잔 더 갖다주는 서비스를 하는 것이 좋다. 그것만으로도 그
회사에 대한 인상이 한결 좋아진다. 커피를 갖다주는 사람이
없다면 스스로 챙겨서 가져가자. 아마 당신의 인상도 좋아질
것이다. 여기에 조금 더 아이디어를 보태자면 처음에는 시원
한 보리차나 아이스 커피를 대접하고 두 잔째에는 따뜻한 음

료를 대접한다. 이때 두 번째 음료는 무조건 따뜻해야 한다. **따뜻한 컵을 손에 들고 있거나 따뜻한 음료를 마시면 마음까지 따스해지기 때문이다.**

미국 콜로라도대학의 심리학자 로렌스 윌리엄스Laurence Williams는 대단히 흥미로운 실험 결과를 발표했다. 뜨거운 커피와 아이스 커피를 실험 참가자에게 제공한 다음 A라는 인물의 프로필을 들려주고 10점 만점으로 평가하게 했다. 그러자 뜨거운 커피를 직전에 마신 사람은 A에 관해 '따뜻한 사람'이라는 인상을 강하게 느꼈다고 한다.

프로필은 완전히 똑같은 것이었는데 아이스 커피를 마신 사람은 A를 '차갑다'고 평가했고 뜨거운 커피를 마신 사람은 '따뜻하다'고 평가한 것이다.

따뜻한 음료를 마시면 마음까지 따뜻해져서 눈앞에 있는 사람에게 따뜻한 인상을 갖는다. 손님에게 두 번째 음료를 대접한다면 따뜻한 음료가 좋다.

역사상으로 차를 여러 잔 대접하여 성공한 사례가 있다. 훗날 만든 이야기라는 설이 있지만 간단히 소개하겠다. 이시다 미쓰나리가 도요토미 히데요시를 처음 만났을 때의 일화다. 나가하마 성주가 된 히데요시가 매사냥 도중에 목이 말라 한 사찰에 들렀다고 한다. 절에서 잔심부름을 하던 미쓰나리는 먼저 큼지막한 찻잔에 마시기 좋게 미지근한 차를 내왔다. 히데요시가 차를 한 잔 더 달라고 청했다. 그러자 이번에는 따끈한 차를 찻잔에 절반만 채워서 내왔다. 또다시 차 한 잔을 청하자, 자그마한 찻잔에 뜨거운 차를 내왔다고 한다. '석 잔의 차'라는 유명한 일화다. 미쓰나리는 석 잔의 차로 히데요시의 마음을 사로잡았다. 차를 석 잔이나 내올 필요는 없지만 처음에는 시원한 것으로 마시기 쉬운 것을, 다음에는 따뜻한 것으로 마음이 따뜻해지는 것을, 이 순서로 내오면 당신의 인상은 틀림없이 좋아질 것이다.

point!

손님에게 두 번째 음료를 대접한다면 따뜻한 음료가 좋다.

커피 한 잔에 담긴 심리기술

단맛의 힘
당신에 대한 평가도 달달해진다.

사람을 만나기 위해 찻집이나 카페를 고를 때는 베트남 커피
를 파는 곳도 좋다. 데이트 약속을 할 때도 베트남 커피가 있
는 가게를 선택하면 좋다. 베트남 커피를 추천하는 이유는 연
유가 들어 있어 커피가 무척 달달하기 때문이다.

"여기 베트남 커피 잘하는데 어때요?"

"○○ 씨는 베트남 커피 마셔보셨나요? 없으시면 같이 마실
래요?"

이런 느낌으로 상대방에게 슬쩍 권하자.

단것을 싫어하는 사람이 있을지 모르지만 대부분의 사람은

당신이 권하는 대로 베트남 커피를 마실 것이다. **달달한 커피를 마시면 당신에 대한 평가도 달달해진다.** 그래서 달달한 커피를 마시게 하는 것이다. 보통 커피를 주문하면 설탕이나 크림은 취향에 맞게 별도로 첨가하기도 하지만 대부분 블랙커피를 마신다. 베트남 커피는 처음부터 연유가 들어 있어 그대로 마실 수밖에 없다. 인간은 단것을 먹으면 타인을 너그럽게 평가한다. 신기하게도 이것은 사실이다.

호주 인스부르크대학의 심리학자 크리스티나 사지오글로 Christina Sagioglou는 각각 쓴 음료(용담차)와 단 음료(설탕물)를 마시게 한 다음 기분이 어떻게 변하는지 조사했다. 그러자 단 음료를 마신 그룹은 마음이 온화해지면서 상쾌한 기분을 만끽했다고 한다. 반면, 쓴 음료는 '분노'와 '적대심'을 유발하는 효과가 있었다고 한다. 만일 블랙커피를 상대방에게 권한다면 무의식중에 상대방을 화나게 만들 우려가 있다는 말이다.

크리스티나 사지오글로의 실험은 단 음료를 사용하여 실시했기 때문에 나도 베트남 커피를 추천한다고 한 것이지만 음료뿐만 아니라 음식이든 뭐든 상관없다.

또 누군가를 만날 때는 케이크나 단팥빵 같은 달달한 디저트를 함께 권하는 게 좋다. 상대방이 거절해도 '아니요, 사양하지 마세요' 하고 주문해보자. 막상 테이블 위에 디저트가 놓여 있으면 적어도 한 입 정도는 입에 넣을 테니 말이다. 단것을 먹으면 기분이 좋아져서 당신을 후하게 평가해줄 것이다.

단것을 즐겨 먹진 않아도 단것을 정말 싫어하는 사람은 드물다. 물론 건강이나 다이어트 때문에 단것을 피하는 사람은 있다. 먹고 싶은 마음은 굴뚝같지만 억지로 참고 있을 뿐이지 싫어하는 것은 아닌 경우가 많다. 달달한 디저트를 주문하면 한입이라도 먹을 가능성이 높다.

단것은 사람을
너그럽게 만든다.

시크함의 반전 매력을 이용하라

부정성의 효과
항상 친절하지 않아도 괜찮아.

사람을 만날 때는 처음에 일부러 쌀쌀맞게 굴거나 불친절하게 행동한다. 요컨대 마이너스 태도를 취하는 것이다. 처음부터 붙임성 있게 생글생글 웃기보다는 처음엔 무뚝뚝한 표정을 짓다가 조금씩 얼굴에 미소를 띄우는 것이 좋다.

네덜란드 라이덴대학의 루스 봉크Ruth Vonk는 예기치 않은 부정적인 행동은 예기치 않은 긍정적인 행동보다 상대방에게 커다란 임팩트를 준다는 사실을 확인했다. 이를 '부정성 효과 Negativity Effect'라 한다.

알기 쉬운 사례를 들자면 친절하다는 평판이 자자한 사람이 조금이라도 냉정하게 행동하면 더 심하게 반감을 산다. 반면 무뚝뚝한 사람이 어쩌다 친절한 행동을 하면 호감을 얻는다는 말이다.

처음부터 더없이 좋은 사람을 연출하면 어떻게 될까. 언제까지나 좋은 사람을 연출할 수 있으면 좋으련만 그게 생각처럼 쉽지 않다. 가끔은 상대방에게 짜증이 나서 심한 말을 퍼부을 때도 있을 테고 업무에 지쳐 화풀이할 때도 있다. 그때까지 항상 좋은 모습을 보여준 만큼 부정성 효과가 작동하여 오히려 심하게 반감을 사게 된다.

여자들에게 인기를 끌려고 친절한 모습을 연출하는 남자들이 많다. 하지만 교제를 시작하자마자 여자친구에게 헤어지자는 말을 듣는다. 왜냐하면 한결같이 친절한 모습을 보여주지 못하기 때문이다.

반면 친절하지 않은데 외모로 여자의 마음을 사로잡는 남자도 있다. 기본적으로는 차갑고, 친절하게 대할 때는 가뭄에 콩 나듯 어쩌다 한 번이다. 하지만 그 상대는 어쩌다 한 번 보여주는 친절함에 마음을 빼앗기는 것이다. 다정하고 친절한 남자는 '내가 훨씬 잘해주는데!' 하고 분하고 억울한 마음이 들지 모르지만 그것은 사람의 심리를 잘 몰라서 그런 것이다. 기본적으로 차가운 남자라 생각했는데 꼭 필요할 때 친절하게 대해주면 그것만으로도 만족하는 것이다.

연애는 물론이고 비즈니스도 마찬가지다. 평소에는 쌀쌀맞고 무뚝뚝하다. 먼저 직원한테 문자 한 통 보내는 법이 없는 사람이다. 그 사람을 냉정한 상사라고 생각할지 모른다. 하지만 생일이나 입사일 같은 기념일에 '입사한 지 오늘로 딱 1년이 되었군요. 그동안 수고 많았어요!' 하고 문자를 보낸다면 어떻겠는가. 아마 그의 인상은 180도 달라질 것이다.

평소에는 얼음왕자 같은 차가운 이미지였어도 계약을 놓쳐서 절망하고 있을 때 '너무 신경쓰지 마세요. 비싼 수업료를 지불했다고 생각하면 돼요' 하고 문자를 보내고 위로해주기만 해도 상사로서 최고의 평가를 받을 수 있다.

항상 친절하지 않아도 괜찮다. 오히려 불친절해도 상관없다. 그러는 편이 자상하고 친절한 사람보다 오히려 좋은 인상을 준다.

의외로 사람들은 어쩌다 한 번 보여주는 친절함에 맘을 뺏긴다.

양보와 타협은 마지막에 한꺼번에

양보의 역설
처음부터 순순히 양보하지 않아도 괜찮아.

협상할 때는 처음에 줄곧 강경한 태도로 기선제압을 하는 것이 좋다. 이제 절대로 양보나 타협을 하지 않겠다는 태도를 보이는 것이다. 사람들은 대개 처음에 친절하고 부드러운 태도를 보이면 상대방에게 좋은 인상을 남기고 협상도 원만하게 진전될 것이라 생각한다. 하지만 그것은 크나큰 착각이다.

처음부터 양보와 타협을 할라치면 상대방은 금세 기어오른다. '좀 더 강하게 나가면 조금이라도 양보해주지 않을까' 하는 생각에 밑도 끝도 없이 요구를 해와 도리어 협상이 지연된다.

또한 처음부터 순순히 양보하면 상대방은 의구심을 갖는다. '이토록 순순히 양보한다는 것은 애초에 너무 턱없이 값을 비싸게 부른 것일지도 몰라' 하고 의심하기 시작한다. 이 또한 협상을 지연시키는 원인이 되고 최종적으로 타결하더라도 상대방은 만족하지 않는다. '어쩌면 좀 더 타협할 수 있었을지 모른다'는 아쉬움에 불만이 남는다.

처음부터 어떤 양보도 하지 않겠다는 태도를 고수하면 상대방은 의심의 눈초리를 거둔다.

맨 마지막에 이르러 양보하면 상대방은 이제 한계라 믿고 협상 결과에 만족할 수 있다. 처음에 강경한 자세로 임해야 결과적으로 상대방도 흡족해한다.

미국 카네기멜론대학의 권성우 박사는 중고차 판매자와 구매자의 협상에서 판매자가 양보하는 타이밍을 다음과 같이 세 단계로 나눈 다음 실험을 실시했다.

즉시 양보 : "알겠습니다. 1,500달러를 깎아서 9,500달러에 합시다."

서서히 양보 : 500달러씩 3번 깎아서 결과적으로 9,500달러에 합시다."

마지막에 양보 : 처음에는 전혀 양보하지 않고 마지막에 가서 "1,500달러 깎아서 9,500달러에 합시다."

실험 참가자들에게 이 글을 읽게 한 다음, '당신이 구매자라면 얼마나 결과에 만족하겠는가?' 하고 7점 만점으로 질문했다. 그러자 다음과 같은 결과가 나왔다.

즉시 양보 3.87

서서히 양보 5.39

마지막에 양보 5.52

즉시 양보하는 것보다 맨 마지막에 가서 한꺼번에 양보할 때 구매자가 더 만족한다는 것을 알 수 있다. 협상을 할 때는 처음부터 강경하게 밀고나가는 것이 좋다. 처음에 반감을 사더라도 결과적으로는 상대방을 만족시킬 수 있기 때문이다.

처음에 친절하고 부드러운 태도를 보이면 인상도 좋아지고 일도 원만하게 처리될 것 같지만, 그것은 크나큰 착각이다.

'들러리' 기법을 활용하자

칭찬의 기술
칭찬도 준비 단계가 필요하다.

연애 테크닉 중에 '들러리'라고 하는 기법이 있다. 진짜 좋아하는 여성한테는 일부러 무심한 척 차갑게 대하고 아무래도 상관없는 여성들한테는 나긋나긋 다정하게 대하는 방법이다. 이를테면 미팅 자리에서 마음에 든 여성한테는 말을 걸지 않고 다른 여성들에게만 말을 건다. 마음에 든 여성이 대화에 끼어들라치면 "이 ○○ 씨한테는 말을 걸지 않았는데" 하며 살짝 핀잔을 주기도 한다. 물론 진심으로 차갑게 대하는 것은 아니다. 어디까지나 농담조로 "○○ 씨는 가만히 있어 봐요" 하며 웃으면서 뿌리친다. 당연히 소외감을 느낀 그 여성은 재미가 있을 리 없다. 하지만 이제부터가 중요하다. 태도를 싹 바꿔서 '미안, "미안, ○○ 씨가 너무 좋아서 그런 거예요" 하고 다정하게 말을 건넨다.

처음부터 아첨이나 칭찬하는 말을 듣는다고 좋아할 사람은 그리 많지 않다. 처음에 다른 여성에게만 친절하게 대하는 단계를 하나 둠으로써 이후에 기쁨이 배가된다.

'들러리' 기법은 남녀 불문하고 이용 가능하다.

미국 메릴랜드대학의 심리학자 그레고리 화이트Gregory White 가 조사한 바에 따르면 '다른 남성에게 일부러 친절하게 대하는' 들러리 기법을 시도한 여성이 51.4%나 되었다. 그 이유는 정말 마음에 드는 남성의 질투심을 유발시키기 위해서라고 한다.

누구나 정말 좋아하는 사람에게는 친절하게 잘해주고 싶은 것이 인지상정이다. 좋아하는 사람에게 자꾸 말을 걸고 싶어지는 마음도 충분히 이해한다. 하지만 꾹 참자.

처음부터 좋아하는 사람에게 다가가는 것은 마치 굶주려서 걸신들린 듯이 음식에 달려드는 사람과 마찬가지다. 느닷없이 게걸스럽게 달려들면 상대방도 마음의 준비가 안 된 상태라서 당황한다. **우선은 주위 사람들에게 말을 걸어 칭찬하는 말을 한다.** 이른바 진짜 마음에 든 사람을 칭찬하기 위한 준비 단계

쯤으로 생각하고 주위 사람들을 듬뿍 칭찬해준다. 그러다 보면 긴장이 풀릴 테고 분위기가 훈훈해질 것이다. 그때 진짜 좋아하는 사람을 칭찬해도 늦지 않다.

point!
처음부터 아첨이나 칭찬하는 말을 듣는다고 좋아할 사람은 그리 많지 않다.

완벽한 사람일수록 빈틈을 보여라

실수의 역설
예상치 못한 빈틈을 보여도 괜찮아.

유능하고 완벽하게 일을 잘하는 사람은 인상이 좋다고 생각할지 모른다. 하지만 실제로는 완벽한 사람은 별로 인기가 없다. 왜냐하면 주변 사람들, 특히 일을 못하는 사람들 눈에는 '다가가기 힘든 이미지'를 갖고 있기 때문이다. 우리는 자신과 너무 동떨어진 존재라 여겨지는 사람에게는 친밀감을 느끼지 못한다. 그런 사람과는 괴리감을 좁히기 힘들다. 이것은 마치 절세미인인데다 너무 매력적이면 쉬이 다가가기 어려운 것과 비슷하다.

　본인은 잘못한 게 없는데 일을 너무 잘하는 사람은 유능하기 때문에 오히려 사람들과 사이가 멀어진다는 사실을 기억하기 바란다.

만일 일을 잘하는 모습을 보였다면 균형을 잡기 위해서라도 슬쩍 빈틈을 보이는 것이 중요하다. 일을 잘하는 사람일수록 예상치 못한 빈틈을 보이면 굉장히 좋은 인상을 준다는 연구 결과가 있다. 이를 **실수 효과**Pratfall Effect 라 한다.

1961년 미국의 존 F. 케네디 대통령은 쿠바의 피그 만에 상륙하는 쿠바 침공 작전을 지시했으나 대실패로 끝났다. 작전이 대실패했기 때문에 당연히 지지율이 떨어질 줄 알았다. 하지만 그 직후에 행한 여론조사에서 케네디의 지지율은 오히려 이전보다 올라갔다.

언뜻 보기에 이해하기 힘들지 모르지만 이에 흥미를 가진 심리학자가 조사한 결과, 다음과 같은 사실을 밝혀냈다. 피그 만에서 실패하기 전까지 케네디는 슈퍼 영웅처럼 추앙받았다. 훈훈한 외모에 유능하고 좋은 집안 환경에다 머리도 뛰어나고 만능 스포츠맨. 그런데 피그 만에서 크게 실패한 바람에 '뭐야, 우리랑 똑같이 실패도 하는 사람이잖아' 하고 오히려 친근감이 생겨 호감을 느끼는 사람이 많았다.

일을 잘하는 사람은 약간 빈틈을 보이는 것이 좋다. 일을 잘하고 이른바 '엘리트'라 불리는 사람은 왠지 다가가기 힘든 후

광을 이고 있는 것 같지만, 실수하는 모습을 보이면 '인간다움'을 어필할 수 있기 때문이다.

미국 캘리포니아대학의 심리학자 엘리엇 애런슨은 성적이 뛰어나고 또 화려한 이력에 성공가도를 달리고 있는 남성이 무심코 커피 잔을 엎어서 새 양복을 더럽혔다는 얘기를 들려준 다음, 그 사람의 인상을 물어보았다. 그러자 그 남자에게 모두 호감을 가졌다고 한다.

다만 실수 효과는 어디까지나 일을 잘하는 사람에게만 해당되는 기술이다. 일을 못하는 사람이 빈틈까지 보이면 더욱 무능하게만 보일 테고 인상이 좋아지지 않는다. 이것은 엘리엇 애런슨의 실험에서도 밝혀졌다. 일이 서툰 사람이 커피 잔을 엎어 빈틈을 보이면 가뜩이나 나쁜 인상이 더 나빠진다. 일을 못하는 사람은 일을 잘할 수 있도록 더 열심히 노력하는 게 먼저다.

완벽한 사람을 좋아하는 사람은 별로 없다.

공은 남에게 돌려라

관계의 법칙
말 안해도 주변 사람들은 이미 알고 있다.

일을 잘하는 사람은 사람들과 사이가 멀어지고 까딱하면 질
투의 대상이 되기 쉽다. 엎친 데 덮친 격으로 곤욕을 겪기도
한다.

'현장도 모르는 애송이가 거들먹거리기는!'

'성적 좀 좋다고 우쭐대기는!'

이런 식으로 생각하기 십상이라 먼저 스스로 뭔가 손을 쓰
지 않으면 인상을 개선할 수가 없다.

몸을 아끼지 않고 열심히 일하는 것은 결코 나쁜 일이 아
니다. 오히려 진지하게 일에 몰두하는 모습은 칭찬받아 마땅

한 미덕이다. 하지만 세상은 그저 성실하게 노력하기만 하면 되는 그런 호락호락한 곳이 아니다. 우선은 주변 사람들이 시기 질투할 것을 각오하고 어느 누구에게도 지지 않을 만큼 열심히 일해서 놀랄 만한 실적을 올리자. 미움받을 각오를 하되 힘차게 달리는 것이다. 다만 공은 남에게 돌리는 게 좋다. 그래야 질투를 피할 수 있다.

미국 노던일리노이대학의 심리학자 스테파니 헤나건Stephanie Henagan은 부동산회사 4곳의 실적이 뛰어난 판매사원에 관한 조사를 실시했다. 우수 판매사원은 어디를 가든 동료나 상사에게 질투와 시샘의 대상이 되기 쉽다는 것을 알 수 있었다. 하지만 우수사원은 나름대로 질투나 시샘을 받지 않을 비법을 갖고 있었다.

그 비법의 하나가 바로 공을 남에게 돌리는 것이다.

'저만 열심히 한 게 아니에요. ○○씨의 도움이 없었다면 힘들었을 겁니다.'

'○○부장님의 조언이 없었다면 저 혼자서는 성공하지 못했을 겁니다.'

'저는 다 차려진 밥상에 숟가락만 얹었습니다. ○○ 씨가 90% 이상 도와줬어요.'

이런 느낌으로 공을 남에게 돌리자. 이렇게 하면 주변 사람들에게 시샘 받을 일도 없고 외려 공을 넘겨받은 당사자에게 감사하다는 말을 듣는다. 일거양득인 셈이다.

'그렇게 하면 손해를 보는 게 아닌가요?' 하고 생각할지 모르지만 그렇게 속 좁은 소리를 해서는 안 된다. **사실 누가 공을 세웠는지 주변 사람들은 다 알고 있다.** 당신의 노력을 결코 산과할 일은 없을 테니 안심하라. 또한 대부분의 사람들은 공을 독점하기보다 남에게 돌리는 겸허함을 훨씬 높게 평가한다.

공을 남에게 돌리는 사람은 모두에게 호감을 산다.

평가는 상대적임을 기억하라

매력의 법칙
사람의 매력은 상황에 따라 변한다.

우리의 매력이나 평가는 절대적이지 않고 상대적이다. 예를 들어 매력이 40점인 사람이 있다고 하자. 언제나 그 사람은 40점이냐 하면 그렇지 않다. 상황에 따라 80점이 될 때가 있고 20점이 될 때가 있다. 매력이나 인상은 상황에 따라 바뀌기 때문에 평가는 상대적이다.

평범한 남성이 있다. 만약 그 사람이 너무나 완벽하게 잘생긴 친구와 함께 식사를 한다고 하자. 원래 고만고만한 사람은 잘생긴 친구가 옆에 있으면 평소보다 초라해 보이고 인기도 떨어진다. 반대로 자신보다 좀 못생긴 사람과 함께 있으면 평소보다 매력 있는 사람으로 보일지 모른다.

미국 애리조나주립대학의 심리학자 더글러스 켄릭Douglas Kenrick은 애인이 있는 사람에게 각자 애인의 외모 점수를 매기게 했다. 애인이기 때문에 대부분 후하게 점수를 줬다. '내 남자친구는 95점', '내 여자친구는 100점' 이런 식이었다. 그 후에 아주 잘생긴 남자와 아름다운 여자의 사진을 보여주고 재차 애인의 외모 점수를 매기게 했다. 그러자 좀 전과 달리 자신의 애인에게 점수를 박하게 매겼다고 한다.

'내 남자친구도 못생기지는 않았지만 이 사진 속 남자에 비하면 50점 정도야.'

'내 여자친구는 예쁘장한 얼굴이지만 사진 속 미인에 비하면 하늘과 땅 차이지.'

평가가 사뭇 달라졌다.

일본의 클럽 바에서는 혼자 오는 손님에게 먼저 외모가 평범한 종업원을 붙여준다. 30분 정도 시간이 지나면 그 종업원을 다른 테이블로 보내고 외모가 조금 더 괜찮은 종업원을 부른다. 그러면 손님은 굉장한 미인이 자신의 자리에 와줬다고 착각하여 흔쾌히 지갑을 연다고 한다. 이 테크닉을 참고하면 가령 손님을 응대할 때 자신보다 못생긴 후배나 직원을 먼저 내보내고 그다음에 자신이 나가는 작전도 생각해봄직하다.

참으로 얄팍한 방법이라 생각하는 사람이 있겠지만, 사람의 매력은 상황에 따라 변하기 때문에 어떻게든 자신의 매력을 한층 돋보일 수 있게 머리를 쓰는 것이 현명한 방법이다.

매력이나 인상은 상황에 따라 변한다는 것을 기억하자.

평범함을 먼저 보인 뒤 진짜는 나중에

팬텀 디코이법
미끼는 여분으로 준비해 두어야 한다.

자신을 매력적으로 연출하기 위해 일부러 못생긴 사람을 먼저 만나게 하거나 못생긴 사람을 동반하는 테크닉은 사람이 아닌 다른 분야에서도 응용할 수 있다.

이를테면 고객에게 새로운 기획을 프레젠테이션 하는 경우다. 보통 프레젠테이션을 하거나 뭔가 제안을 할 때는 두세 가지 대안을 준비하는데 그것을 꺼내는 순서를 조작하는 것이다.

심리학적으로 말하면 먼저 평범한 수준의 기획서를 제시하고 그다음에 야심차게 준비해온 기획서를 내놓는 것이다. 그래야 그 기획서의 우수성을 강조할 수 있기 때문이다.

처음에 평범한 기획서를 제출하면 당신에 대한 평가는 떨어진다.

'음, 이 정도 아이디어밖에 내지 못하나?'

'참, 형편없는 기획서군. 어떻게 이런 걸 들고 올 수 있지?'

필시 상대방은 이렇게 생각할 것이다. 당연히 프레젠테이션은 잘될 리가 없다. 아마 보기 좋게 퇴짜 맞을 것이다. 하지만 이제부터가 중요하다.

"실은 기획서를 하나 더 준비해 왔습니다. 귀중한 시간을 빼앗아 죄송합니다만 이쪽도 한번 봐주십시오."

이렇게 의견 제시를 하고 야심차게 준비해 온 기획서를 꺼낸다. 그러면 두 번째 기획서와 프레젠테이션이 무척 매력적으로 보일 것이다. 처음에 보여준 형편없는 기획서는 어디까지나 미끼인 셈이다.

영국 레스터대학의 앤드류 콜맨Andrew Colman 교수는 이 테크닉을 '팬텀 디코이Phantom Decoy법'이라 이름 붙였다. '팬텀 디코이'는 상대방이 부담 없이 거절하게끔 유도하는 '허깨비 미끼'라는 뜻이다. 플랜 A를 하나만 보여주면 플랜 A는 플랜 A일 뿐이다. 하지만 거기에 미끼인 플랜 B, 플랜 C 등을 준비해두면 플랜 A의 매력은 다른 선택지와 견주어 상대적으로 판단

할 수 있다.

아무 불만도 나오지 않을 완벽에 가까운 기획서를 딱 하나만 들고 가면 노력은 가상하나 위험천만하다. 기획안을 딱 하나만 준비해 가면 만일 그것을 퇴짜 맞았을 때 그저 손을 놓고 있을 수밖에 없기 때문이다.

'아는 길도 물어서 가라'는 말마따나 '미끼'는 여분으로 두 개 정도 준비해두면 좋다.

아무리 완벽해도 기획서를 한 개만 들고 가는 건 위험하다.

PART 6

인간관계로 스트레스 받지 않는
심리기술

인맥 만들기보다 유지가 중요하다

인맥의 법칙
잡은 물고기라고 생각하는 순간 놓친다.

젊은 연인들은 금방 사귀고 헤어지는 사이클을 반복하는 일이 허다하다. 비즈니스에서도 한 사람과 차근차근 관계를 맺기보다 그때그때 상황에 따라 얄팍한 관계를 맺으려는 사람이 수두룩하다. 동료나 상사와 항상 일정한 거리를 두고 관계를 맺는다. 또 마음에 안 들면 회사를 그만두면 된다고 쉽게 생각하고 고객과도 형식적인 관계만을 원한다.

　이 책에서 제안하는 '두 번째 인상'이 지향하는 바는 그런 인스턴트 같은 인간관계가 아니다. **차분히 자신의 매력을 상대방에게 알리고 가능한 단기적이 아닌 장기적인 인간관계를 만**

드는 것을 목표로 한다. 이 장에서는 오래 지속되는 인간관계에 관해 다각적으로 생각해보고자 한다.

대부분의 사람은 인맥이나 애인을 만드는 데 열심이다. 요컨대 '새로운 만남'만을 추구하려 한다. 이와 반대로 정말 인간적인 매력이 넘치는 사람은 언제나 한결같이 한번 맺은 인연을 소중히 여긴다.

독일 프리드리히-알렉산더대학의 심리학자 한스 볼프Hans Wolff가 서비스업, 제조업, 운송업에 근무하는 직원 455명을 대상으로 3년에 걸쳐 조사한 결과, 인간관계 '형성'보다 '유지'에 힘을 쏟는 사람이 더 좋은 인상을 주는 것으로 나타났다.

인맥을 만드는 것은 나쁜 일이 아니다. 하지만 그보다 중요한 것은 한번 맺은 인맥을 계속 유지하는 것이다. 인맥 유지를 잘하는 사람일수록 하는 일마다 잘 풀린다. 실제로 이 조사에서는 인간관계를 유지하는 데 힘을 기울인 사람일수록 급여가 높았다.

'잡은 물고기는 먹이를 주지 않는다'는 말이 있다. 사실 모든 인간관계도 마찬가지다. 상대방이 자신에게 이익이 되는 존재일 때, 즉 쓸모 있는 존재일 때는 호감을 사려고 노력하지만 막상 상황이 불리해지거나 쓸모가 없어지면 언제 봤냐는 듯 안면을 몰수하는 사람이 있다. 이해타산만을 따지는 사람은 모두에게 미움을 받는다.

　계약하기 전에는 뻔질나게 찾아와서 선물 공세를 펼치다가 막상 계약을 하고 나면 코빼기도 안 비치는 보험 설계사가 있다. 고객 입장에서는 정말 실망할 수밖에 없다. 그런 사람과 다시는 상대하고 싶지 않을 것이다.

　부서를 이동한 순간 바로 연락을 뚝 끊어버리는 사람이 있다. 지금까지의 관계는 대체 뭐였을까, 고개를 갸우뚱하게 만든다. 그러다 언젠가 다시 같은 부서에서 일을 하게 될지도 모르는데 말이다.

　인간으로서의 매력을 연마하고 싶다면 타산적인 마음을 버려야 한다. 인맥 만들기보다 인맥 유지에 힘을 기울이는 사람이 되기 바란다.

point!

인간관계는 '형성'보다 '유지'에 힘을 쏟아라.

오래 만나려면 첫째도 성격, 둘째도 성격

사회성의 법칙
오래가는 관계가 중요하다.

잠깐 알고 지내는 관계가 아닌 오래가는 관계를 추구하면 여러 가지 장점이 따라온다.

우선, 외모로 승부를 걸 필요가 없다. **단기적으로 호감을 사고 싶은 것이라면 아무래도 외모 비중이 높아지지만** '나는 단기적인 인간관계에 연연하지 않을 거야' 하고 마음먹으면 외모가 아닌 성격으로 승부를 볼 수 있다. 오래 만나려면 무엇보다 성격이 중요하기 때문이다.

미국 오리건주립대학의 심리학자 마거릿 브라운Margaret Braun은 단기적인 관계에서는 외모를 중시하지만 장기적인 관계에서는 성격을 중시한다는 사실을 확인했다.

외모나 몸매가 좋으면 여기저기서 데이트 신청을 받을지 모른다. 하지만 성격이 별로이면 한두 번의 데이트로 끝날 공산이 크다. 이후에 계속 만날 가능성은 희박하다고 한다.

오래 계속해서 만날 사람은 외모는 아무래도 상관없다. 같이 있을 때 '기분 좋은 사람'이라는 느낌을 주는 것이 중요하다. 이때 **'기분 좋은 사람'은 당신의 성격으로 결정된다.** 내가 세미나에서 '내면을 갈고 닦자'고 조언하면 이렇게 대꾸하는 사람이 꼭 있다.

"선생님, 그런 태평한 소리를 하고 있을 때가 아니에요. 저는 당장 매력적으로 보이는 방법을 알고 싶습니다."

만나자마자 단박에 매력적으로 보이게 하는 방법이 전혀 없지는 않다. 무표정으로 뚱하게 있지 말고 얼굴에 미소를 띠거나 밝은 표정을 짓자. 또 헤어스타일을 산뜻하게 바꿔 생기발랄한 모습을 하고 밝은 색깔의 넥타이나 스카프를 고르자.

하지만 이것은 어디까지나 단기적으로 호감을 사는 방법이다. 장기적으로 오래 관계를 맺고 싶은 사람이라는 인상을 심어주기에는 한참 부족하다.

상대방으로 하여금 만남을 오래 지속하고 싶다는 생각을 갖게 하려면 첫째도 성격, 둘째도 성격이다. 외모는 크게 상관없다. 성격이 좋으면 상대방은 당신과 오래 관계를 유지하고 싶어 한다. 같이 있으면 기분이 좋기 때문이다.

하지만 아무리 외모가 뛰어나도 성격이 나쁘면 상대방은 같이 있고 싶어 하지 않는다. 싫어하는 사람과 함께 있으면 정신적으로 피곤해지기 때문에 오래 견디지 못한다.

개중에 '나는 얼굴만 예쁘면 성격이 나빠도 괜찮아' 하는 남자가 있지만 그것은 거짓말이다. 아무리 빼어난 미인일지라도 성격이 나쁘면 연애나 결혼생활을 오래 지속하지 못한다.

'기분 좋은 사람'과의
관계가 오래간다.

성실하고 다정한 '바보'가 되라

고정관념의 역설
성실하기만 하면 매력이 없다고?

첫인상에서는 외모를 중시하지만 두 번째 인상에서는 단연 성격이 중요하다는 이야기를 했다. 구체적으로 어떤 성격을 사람들이 선호할까? 두 번째 인상으로 승부를 건다면 어떤 성격을 갈고 닦아야 할까.

호주 웨스턴시드니대학의 심리학자 피터 조나슨Peter Jonason은 단기적인 관계에서는 얼굴과 신체의 매력을 중시하지만 장기적인 관계에서는 성실함, 쾌활함, 다정함 등의 성격을 중시한다고 한다.

'성실하기만 한 사람은 매력이 없어.'

'다정하기만 한 남자는 뭔가 좀 아쉬워.'

'그저 밝기만 하면 바보 같아.'

이렇게 험담하는 사람이 많지만 현실 세계에서는 그런 사람을 좋아한다.

'성실하기만 하면 안 돼……' 하고 장점인 성실함을 함부로 말해서는 안 된다. 일시적으로 남한테 바보 취급을 당하더라도 마음에 두지 말고 우직하게 성실함을 관철하자. **성실한 사람을 나쁘게 평가하는 사람은 없다.**

일을 설렁설렁 대충하는 사람들 눈에는 성실한 당신이 그저 바보같이 보일 수 있다. 한잔 하자고 해도 "아니, 할 일이 좀 남아서요" 하고 거절하면 융통성이 없는 사람이라 생각할지 모른다. 하지만 긴 안목으로 보면 이런 사람이 확실히 평판이 좋고 또 신뢰를 받는다.

'정직한 사람은 손해를 본다'는 말은 거짓말이다. 세상사는 정직한 사람일수록 성공하게 되어 있다.

2002년 노벨 화학상을 수상한 다나카 고이치가 좋은 예다. 언론 인터뷰에서도 성실한 인품을 엿볼 수 있었다. '성실함만이 특기'라고 스스로 밝혔다. 성실한 사람이 손해 보는 일은 없다.

'다정하기만 해서는 뭔가 아쉬운 감이 있다'고 험담하는 사람이 있다. 그렇다면 냉정한 사람이 더 좋을까? 아니, 절대로 그렇지 않다. 긴 호흡으로 보면 사람들은 심성이 고운 사람을 좋아한다.

우직할 정도로 성실하고 다정한 사람은 첫인상이 나쁠 수 있다. 하지만 겁내지 말고 오히려 그런 우직함을 자신의 무기로 삼자.

'다정함'은 강점이다!

point!

오래가는 관계를 원한다면 우직하게, 성실하게, 다정하게.

호랑이보다 양이 사랑받는다

내향성의 법칙
내향성이 강해도 괜찮아.

첫인상으로 승부를 건다고 하면 매사 적극적이고 힘차게 앞으로 나아가는 사람이 평판이 좋다. 하지만 두 번째 인상으로 승부를 걸게 되면 그 반대가 된다. 전방위로 리더십을 발휘하면서 강렬하게 개성을 과시하는 유형은 긴 안목으로 보면 별로 호감을 얻지 못한다.

가령 앞에 나서기를 좋아하거나 성격이 활달하고 연애나 이성 관계에 적극적인 육식 남녀는 단기적으로는 매력적으로 보인다. 하지만 장기적인 관계에서는 성격이 원만하고 온화하며 진중한 사람, 이른바 초식 남녀가 더 매력적이다.

미국 뉴캐슬대학의 심리학자 카트리나 실베스터Katrina Sylwester는 대담하고 적극적인 사람의 프로필과 겁이 많고 소심한 사람의 프로필을 만들었다. 그것을 대학생 352명에게 읽게한 다음, '당신의 애인으로 어울리는 사람은 어떤 사람인가?' 하고 질문했다. 그 결과 잠깐 가볍게 교제할 사람이라면 대담한 사람이 좋지만, 오래 교세할 사람이라면 진중한 사람을 좋아한다는 사실을 알 수 있었다.

대담하고 적극적인 사람은 다소 이기적이고 제멋대로인 경향이 있다. 어쩌면 그런 점이 매력적으로 보일 수도 있지만 그것은 어디까지나 단기적인 관계에 한해서다.

잠시 사귀어 보면 이기적인 성격이나 안하무인인 태도에 두손 두 발 들게 된다. 남이 하는 말에는 귀를 닫아버리고 뭐든지 자기 맘대로 결정한다. 그런 제멋대로인 성격을 받아주려면 엄청난 인내심이 필요하다.

반면, 무슨 일이든 소심하고 진중한 사람은 우유부단해서 처음에는 반감을 살지 모른다. 하지만 소심한 사람은 상대방이 어떤 생각을 하는지 늘 신경이 쓰여 모든 일을 하나하나 의논한다. 자기 멋대로 결정하지 않는다. 항상 '너는 어떻게 하고 싶어?' 하고 물어보고 상대방의 의견을 소중히 한다. 시간이 지나면 그런 점을 높이 평가받는다.

'초식 남녀'라는 말은 나쁜 의미로 사용되는 일이 많지만 그것은 터무니없는 착각이다. **제멋대로인 육식 남녀보다 초식 남녀가 긴 안목으로 보면 평가가 높다.**

'지시 대기족族'이란 말이 있다. 스스로 생각하고 판단하고 행동하려 하지 않는 사람, 즉 상사의 지시만을 기다리는 직원을 일컫는 말이다. 이 또한 부정적인 의미로 쓰이는 경우가 허다하다. 과연 상사가 시키는 일만 하는 것은 정말 나쁜 일일까. 순순히 따라주는 직원이 어쩌면 상사 입장에서는 고맙지 않을까. 시키지도 않은 일을 스스로 알아서 척척 하는 직원이나 고집스레 자기주장을 펼치며 대드는 직원보다 지시를 받아들이는 직원이 맘에 들지도 모른다. 숫기 없고 소심한 성격은 결코 마이너스가 아니다. 장기적으로는 호감을 얻는 성격이라 생각해도 괜찮다.

작은 약속일수록 잘 지켜라

빈말의 역설
무심코 하지만 절대 해서는 안 될 말.

지방으로 출장을 가면 '이번에 맛있는 건어물 좀 보내드리겠습니다', '맛있는 토속주 보내드릴게요' 같은 말을 자주 듣는다. 비즈니스 관계에서 흔히 주고받는 상투적인 빈말이다. 실제로 뭔가를 받은 기억은 없다.

어차피 보낼 마음이 없다면 듣기 좋은 빈말은 삼가는 것이 좋다. 자칫하면 신뢰감이 없는 사람이라는 인상을 주기 십상이다.

'제가 연락하겠습니다'라고 해놓고는 감감 무소식인 사람이 있다. 하는 수 없이 이쪽에서 연락하면 깜빡 잊어버렸다는 대답이 돌아온다. 처음에 만났을 때 인상이 좋았던 만큼 실망감이 더해진다.

대인관계에서는 특히 사소한 언약을 소중히 해야 한다. 중대한 약속을 지키는 사람은 많다. 하지만 자잘한 약속은 '뭐, 괜찮겠지' 하는 마음 때문인지 약속을 깨도 대수롭지 않게 생각하는 사람이 너무 많다.

상대방에게 진심으로 신뢰를 얻고 싶다면 아무리 사소한 약속일지라도 꼭 지켜야 한다. 그래야 의리가 있고 신용할 수 있으며 믿음이 간다는 긍정적인 평가를 얻을 수 있다.

약속을 지키지 않는 사람은 모든 신용을 잃는다. 그것도 한꺼번에 몽땅 잃는다. 서서히 싫어지는 것이 아니라 **단숨에 싫어하는 사람 카테고리 안에 이름을 올린다.**

미국 오클랜드대학의 심리학자 저스틴 모길스키Justin Mogilski는 단기적인 관계에서 장기적인 관계가 되면 더욱 더 '성실함'이 중요한 요소라는 사실을 확인했다. 단기적인 관계에서는 매력적인 외모와 성실함이 중요하지만, 장기적인 관계가 되면 매력적인 외모는 힘을 잃고 그 대신 성실함이 훨씬 중요해진다고 한다.

고객에게 '몇 월 며칠까지 납품하겠습니다' 하고 약속했다면 **무슨 일이 있어도 마감일은 지켜야 한다.** 약속을 지키지 않으면 아무리 타당한 이유가 있더라도 당신의 신뢰는 바닥에 떨어진다.

패스트푸드 체인 버거킹의 회장이었던 배리 기본스Barry J. Gibbons가 쓴《꿈을 파는 상인과 생각하는 소년들Dream Merchants & HowBoys》이라는 책이 있다. 본문에 스티브 잡스의 사례를 들고 있는데, 그는 약속한 상품이 아직 완성되지 않았는데도 큰소리를 치며 납품하겠다는 약속을 할 때가 많았다고 한다. 하지만 놀랍게도 그는 약속한 것은 무슨 일이 있어도 지켰다. 며칠이고 날밤을 새서라도 상품화하여 약속한 대로 납품했다. 일에 대한 성실함이 있었기 때문에 성공한 것이다.

약속을 하는 사람은 많지만 지키는 사람은 많지 않다. 설사 사소한 약속일지라도 꼭 지키자. 그래야 당신의 평가가 좋아진다. 걸핏하면 약속을 깨는 사람에게는 별로 믿음이 안 간다. 언제나 말뿐이고 약속을 지키지 않는 사람은 아무에게도 환영받지 못한다.

point!

작은 일로 신뢰를 잃지 마라.

'겸허함'을 연습하라

슬라임 효과
의외로 많은 사람들이 미움받는 이유다.

상대가 연상이거나 임원, 선배일 때는 굽실거리면서, 나이가 어리다는 것을 아는 순간 갑자기 거만하게 돌변하는 사람이 있다.

경력사원으로 입사하거나 새로 이동한 부서에서 처음에는 깍듯하게 높임말을 쓰다가, 상대가 자신보다 나이가 어리거나 동년배라는 것을 알면 곧바로 "뭐야, ○○씨, 나랑 동갑이었어?" 하고 말투를 싹 바꾸는 사람이 있다. 엄밀하게 말하면 먼저 그곳에서 일하고 있었으니 선배는 선배인데 말이다. 기본적으로는 **상대에 따라 태도를 바꾸지 말아야 한다.**

끝까지 겸허함을 고수하는 것이 옳다. 상대에 따라 태도를 바꾸면 실례이다. 자신보다 나이가 어리든 지위가 낮든 그런 것은 신경쓰지 말고 항상 정중하게 대하자.

윗사람의 눈치만을 살피는 사람을 가리켜 일본에서는 '넙치族'이라 한다. 넙치의 눈이 항상 위를 쳐다보기 때문이다.

네덜란드의 심리학자 루스 봉크Ruth Vonk는 상사에게는 굽실거리고 팀원에게는 무례하게 행동하는 사람일수록 미움을 많이 받는다는 사실을 밝혀냈다. 이를 '슬라임 효과'라 한다.

슬라임이란 자유자재로 모양을 바꿀 수 있는 액체괴물을 뜻한다. 수시로 얼굴을 바꾸는 사람, 가령 상사에게는 천사 같은 얼굴을 하고 팀원에게는 악마 같은 얼굴을 하는 사람은 모두에게 미움을 받는다. 상대가 자신보다 나이가 어리거나 지위가 낮더라도 겸허함을 잃지 말자.

'나이 어린 사람들한테까지 깍듯하게 말할 순 없어!' 하고 생각하는 사람이 있을지 모르지만, **'공손함을 수련한다'**고 생각하면 자신의 프라이드에 흠이 갈 일도 없거니와 굴욕감을 느낄 일도 없을 것이다. 그저 수련하는 것이라 생각하면 된다.

또한 팀원에게 술 한 잔 하자고 권유할 때도 자신이 선배라든가, 상사라는 생각으로 말하면 말투가 거만해진다. 팀원은 설교라도 들을까 지레 겁먹고 술자리를 거절한다. 부담스러운 술자리에 누가 참석하고 싶겠는가. 깍듯하게 "오늘은 제가 한 턱낼게요. 같이 한 잔 할래요?" 하고 권하면 어떨까. 상대가 웃으면서 흔쾌히 응할 것이다.

호주 머독대학의 심리학자 나이르 도나휴Ngaire Donaghue에 따르면 장기적인 관계에서 중요한 것은 '공평한 생각'이라고 한다. 어느 한쪽이 위고, 항상 거만하게 굴면서 상대를 깔보는 관계는 오래가지 못한다. 어느 한쪽이 나이가 많다든가 지위가 올라가면 상대방은 '공평하지 않다'고 느낀다. 회사에서는 물론 선배고 상사여도 상관없지만 회사를 벗어나면 직함 따위는 던져버리고 상대방보다 아래가 되도록 균형을 잡자. 그래야 상대방도 당신과의 관계가 '공평하다'고 느껴 관계가 오래간다. 부부라도 오랜 세월 함께 산 부부일수록 겉으로 보기에는 남편이 큰소리치면서 사는 것처럼 보여도 실상은 아내가 주도권을 꽉 잡고 있다. 균형이 잘 잡혀서 공평하다.

장기적인 관계에서 중요한 것은
'공평한 생각'이다.

평판이 좋은 데는 이유가 있다

평판의 법칙
얻기는 힘들지만 그만한 가치가 있다.

평판이 좋게 나는 것은 무척 중요하다. 왜냐하면 평판이 좋으면 전혀 모르는 사람이라도 당신에게 좋은 인상을 갖기 때문이다.

'○○ 씨라면 뭐든 의논할 수 있어.'
'이런 일은 ○○ 씨에게 부탁하면 틀림없을 거야.'
'저 사람이 하는 일은 완벽해.'

이런 평판이 나면 당신은 선망의 대상이 된다. 좋은 평판이

나기까지는 고생했을지 모르지만 **한번 좋은 평판을 얻으면 구태여 인맥을 늘리려고 노력하지 않아도 저절로 인맥이 늘어난다.** 매우 고마운 일이다.

미국 뉴욕주립대학의 가네산 생카르Ganesan Shankar는 비즈니스에서 장기적인 관계를 예측하는 첫 번째 요인은 '좋은 평판'이라고 한다. 평판이 좋으면 인맥은 계속해서 늘어나고 쉽사리 관계가 깨지지 않는다.

거의 모든 업종의 기업이 그렇다. 평판이 좋으면 회사는 성장하고 평판이 나쁘면 망한다. 사람도 마찬가지다. 평판이 나쁘면 사람들이 떠난다.

이쯤해서 생각해보자. 좋은 평판을 얻으려면 어떻게 해야 할까. 가장 확실한 방법은 자신이 손해를 보면 된다. 상대방의 이득을 먼저 생각하고 자신은 손해를 보면 된다. 기꺼이 손해 보는 일을 하면 당신의 평판은 틀림없이 좋아진다. 대개 좋은 평판을 얻지 못하는 이유는 자기밖에 모르고 다른 사람을 이롭게 하려는 생각이 없어서다. 자기만 좋으면 그만이고 이익을 남보다 더 많이 차지하려는 욕심 때문에 좋은 평판이 나지 않는 것이다.

미국 브리티시컬럼비아대학의 심리학자 대니얼 스칼리키Daniel Skarlicki는 복권 10장을 두 사람이 서로 나눠 가지는 실험을 진행했다. 이때 대니얼 스칼리키는 복권을 나눠주는 사람에게 딱 2장만 상대에게 주라고 지시했다. 복권을 나눠주는 사람이 훨씬 더 많이 갖는 셈이다. 나중에 인상에 관한 평가를 하자 그 사람의 인상은 최악으로 나왔다. 그도 그럴 것이 10장을 두 사람이 서로 나눠 가진다면 5장씩 나누는 것이 공평한데 상대방에게 2장만 건넸기 때문이다. 복권 10장을 나눈다면 상대방에게 조금 더 많이 6장이나 7장 정도를 주고 자신은 3장이나 4장 정도로 만족해야 한다.

자신이 이득을 보려고 하면 일시적으로는 이득을 볼 수 있을지 모르지만 결국 신용은 바닥에 떨어지고 평판은 나빠진다. '저 녀석은 짠돌이야', '저 녀석은 자기밖에 몰라'라는 말을 듣는다면 아무도 당신을 상대하지 않을 것이다.

평판이 나쁘다면 나의 욕심을 되돌아보자.

짧은 생각으로 이익을 따지지 마라

손해의 역설
이익을 따진다면서 실상은 더 큰 걸 잃는다.

실적이 악화된 기업은 당장 직원을 해고하고 구조조정의 칼을 빼들려고 한다. 구조조정을 해서 인건비가 남으면 그만큼 회사 실적이 좋아질 것이라 판단한다. 하지만 구조조정은 장기적으로 보면 정말 어리석은 계책이다.

미국 콜로라도대학의 제임스 모리스James Morris 교수는 15년 이상에 걸쳐 3,628개 회사의 실적을 조사했다. 그 결과 구조조정은 기대한 만큼 효과를 올리기는커녕 생산성이 떨어져 오히려 장기적으로 보면 전혀 비용 절감이 되지 않는다는 사실을 확인했다.

미국 배리대학의 수전 피셔Susan Fisher 교수도 똑같은 지적을 하고 있다. 수전 피셔 교수에 따르면 구조조정은 회사에 대한 직원의 충성심을 앗아갈 뿐이며 직원 간의 분위기를 악화시킨다고 한다. 또한 직원이 20명 있는 회사에서 한 명을 해고하면 머릿수로는 5%의 인력을 감축하는 셈이지만 실제로는 조직의 생산성을 최대 50%나 저하시킨다고 한다.

경영자는 구조조정을 하면 단순히 인건비가 줄어 좋아한다. '이익을 봤다'고 생각한다. 하지만 구조조정으로 직원의 사기가 떨어지고 일할 의욕을 꺾어 생산성이 떨어진다는 사실을 크게 간과한 것이다.

아무리 회사가 힘들어도 절대 해고하지 않겠다고 경영자가 선언하면 직원은 안심하고 일에 매진한다. 아니, 경영자의 따뜻한 마음에 감동을 받아 평소의 2배, 3배 힘을 낼 것이다. 장기적으로 보면 회사는 성장한다.

타산적인 경영자는 이러한 판단을 못한다. 눈앞의 이익에 눈이 멀어 손해 보는 것을 용납하지 못하는 경영자는 즉각 구조조정을 하려고 한다. 구조조정을 하면 회사 분위기가 더 험악해진다는 사실을 모르고 있다.

구조조정을 하지 않고 직원을 소중히 하는 경영자는 당장은 회사 실적이 나빠질지 모르지만 장기적으로는 그 회사는 회생

할 가능성이 높다. 실적이 나빠지는 것은 어디까지나 일시적인 현상이다. 원래 일본식 경영 방침은 직원을 소중히 여기고 쉽게 해고하지 않는 것이 특징이었다. 미국식 경영 방침처럼 단기적으로 실적을 올리기보다 장기적으로 존속하는 것을 중요시하는 것이 더 낫다고 생각한다.

인간관계도 마찬가지다. 장기적인 관점에서 보면 당장은 자신이 약간 손해 보는 정도가 좋다. 작은 이익까지 꼼꼼히 따지며 절대 손해 보지 않으려고 하고 상대방을 이용하려고만 들면 원만한 대인관계를 유지하기 힘들다.

point!

인간관계에서는 내가 약간 손해 보는 정도가 좋다.

하고 싶은 말을 해도 괜찮아

관계의 법칙
가장 해로운 것은 대화 단절이다.

상대와 관계가 틀어지는 것이 두려워서 싸움을 피하는 부부가 있다. 하지만 싸움 그 자체는 서로에게 결코 마이너스가 아니다.

미국 워싱턴대학의 심리학자 존 가트맨John Gottman은 52쌍의 부부를 3년에 걸쳐 연구했다. 그 결과 서로 말다툼하거나 싸움을 하면 일시적으로 결혼생활이 동요되지만 장기적으로 보면 부부 만족감을 높인다는 사실을 알 수 있었다.

'비 온 뒤에 땅이 굳는다'는 말처럼 정말 부부싸움을 하면서 숱한 난관을 극복해온 부부는 더욱 강하고 끈끈하게 결속된다고 한다.

'매일 싸움만 하면 파국을 맞이하지는 않을까' 하고 걱정하는 사람이 있겠지만 그런 일은 없다. 사이가 좋은 부부는 하루가 멀다 하고 부부싸움을 하기도 한다.

존 가트맨에 따르면 부부관계에서 가장 해로운 것은 대화를 하지 않는 것이라고 한다.

'어차피, 이 사람은 뭘 얘기해도 듣지 않아.'
'입이 닳도록 말해봤자 이해 못할 거야.'
'무슨 말을 해도 소용없어.'

이런 식으로 곡해하여 하고 싶은 말이 있어도 입을 다물고 사는 부부는 머지않아 이혼서류에 도장을 찍을 것이다. 싸움을 하는 동안은 아직 관계를 회복할 여지가 있지만 완전히 마음이 떠나버린 부부는 말다툼 자체를 아예 하지 않는다.

싸움을 두려워하면 안 된다. 하고 싶은 말이 있으면 계속해서 상대방과 부딪쳐야 한다. 싸움이 나더라도 장기적으로 보면 서로가 무엇을 소중히 하고 있는지 이해할 수 있고 또 상대방을 더 많이 사랑할 수 있다.

부모 자식 관계도 마찬가지다. 하고 싶은 말이 있으면 뭐든지 부모에게 말하는 아이는 부모와 충돌하더라도 사이좋게 지낼 수 있다. 싸우긴 하지만 싸우고 난 뒤에는 깨끗이 없던 일로 하고 다시 사이좋은 가족으로 지낸다. 정말 부모를 싫어하는 아이는 아무 말도 하지 않는다. 마음속으로는 산더미처럼 하고 싶은 말이 있는데도 입을 꾹 다물고 있다.

'어차피 덮어놓고 반대할 텐데' 하는 체념하는 마음이 강해 입을 닫아버린다.

이러한 부모 자식 관계는 표면적으로는 원만한 관계처럼 보여도 내면에는 심각한 문제가 도사리고 있다. 하고 싶은 말을 하지 못하고 꾹꾹 참기만 한 아이는 어느 날 느닷없이 비행을 저지르거나 폭력 사건이나 범죄를 일으키기도 한다.

싸움은 계속해서 하는 것이 좋다. 일시적으로 관계가 나빠져도 장기적으로 보면 행복을 가져다준다.

point!

하고 싶은 말이 있으면 계속 해야 한다. 가장 해로운 것은 대화를 하지 않는 것이다.

서로 감사할 수 있는 관계

붉은 여왕 효과
주위를 둘러보면 내 옆에도 이런 사람 꼭 있다.

경쟁할 수 있는 라이벌이 있다는 것은 감사할 일이다. 왜냐하면 라이벌이 있어야 스스로를 더 성장시킬 수 있기 때문이다. 즉, 성장하는 데 경쟁자의 존재는 굉장히 큰 의미를 가진다. 서로 경쟁하는 상대가 없으면 언뜻 보기에는 속 편하게 보이지만 '저 사람한테는 지지 말아야지' 하는 의욕이 생기지 않아 자신을 성장시킬 수가 없다.

미국 캘리포니아주립대학의 딘 사이먼턴Dean Simonton 교수는 18세기부터 20세기까지의 과학자와 발명가 2,026명에 관해 분석하고 어떤 상황에서 뛰어난 업적을 올릴 수 있었는지 조사했다. 그 결과, '경쟁자'의 존재가 상당히 중요하다는 사실을 알 수 있었다. 스스로를 성장시키는 데 경쟁자의 존재는 필요 불가결한 요소라 하겠다.

'호적수는 밉기도 하지만 한편 그립기도 하다'는 말이 있다. 경쟁 상대가 있어 서로 경쟁하는 것이 큰 힘이 된다.

미국 템플대학의 심리학자 파멜라 더푸스Pamela Derfus는 경쟁자가 있으면 '저 사람한테는 지지 말아야지' 하는 심리가 저절로 작동한다는 사실을 밝혀냈다. 이를 '붉은 여왕 효과Red Queen Effect'라 한다.

'붉은 여왕'이란 루이스 캐럴의 소설 《이상한 나라의 앨리스》에 나오는 하트 여왕이다. 속편인 《거울나라의 앨리스》에서 붉은 여왕이 앨리스에게 "제자리에 있고 싶으면 죽어라 뛰어야 한다"고 말한 데서 유래되었다. 붉은 여왕의 나라에서는 뭔가가 움직이면 주변도 함께 움직이기에 내가 앞으로 한 발 나아가려면 죽을 힘을 다해야 하기 때문이다.

'나는 저 사람이 싫어.'
'나는 저 사람한테는 지고 싶지 않아.'

당신 자신도 상대방이 미워 죽겠지만 상대방 또한 당신을 그렇게 생각하고 있을 것이다. 실력이 팽팽하면 팽팽할수록 적대시하는 정도가 커진다. 하지만 장기적으로 보면 아마 당신은 그 상대방에게 감사해야 할 것이다. 승부를 겨룰 때는 한 대 후려갈기고 싶을 만큼 얄밉지만 세월이 흐르면 '덕분에 열심히 할 수 있었다'는 사실을 깨닫게 된다.

격투기나 다른 스포츠도 마찬가지다. 고등학교 시절에는 '맞수 라이벌'이었던 상대가 세월이 흐르면 평생 친구가 되는 일이 허다하다.

경쟁자와 경쟁하며 싸우는 일은 단기적으로는 당신의 인상을 나쁘게 할지 모르지만 그럼에도 서로 계속 경쟁을 멈추면 안 된다. 격렬하게 서로 경쟁하면 경쟁할수록 당신과 그 경쟁자는 서로 실력을 높일 수 있고 서로 감사할 수 있는 관계가 될 수 있다.

처음에는 미웠지만
나중에는 둘도 없는 친구가 된다.

승부를 겨룰 때는 너무나도 얄밉지만 훗날 '덕분에 열심히 할 수 있었다'는 사실
을 깨닫게 된다.

천천히, 내 속도대로

좋은 첫인상을 주는 것은 상당히 중요하다. 만난 순간에 '이 사람은 좋은 사람이네', '아주 느낌이 좋은 사람이야'라고 상대방이 느낀다면 이보다 더 좋은 일은 없다.

하지만 현실에서는 그렇게 금방 자신의 매력을 상대방에게 어필하기란 거의 불가능에 가깝다. 외모나 성격, 모든 것이 완벽한 사람은 이 세상에 존재하지 않는다. 혹시라도 찾으면 있을지 모르지만 모래사장에서 바늘 찾기일 것이다. 그래서 대부분의 사람은 첫인상으로 승부를 걸기보다 두 번째 인상으로 승부를 걸 수밖에 없다.

첫인상으로 승부를 걸 수 있으면 좋겠지만 현실적으로 어렵기 때문에 차선책으로 두 번째 인상으로 승부를 걸어야 한다.

어떻게 하면 두 번째 인상을 좋게 할 수 있을까. 좋은 인상을 만드는 심리기술을 구체적으로 소개하여 그 해결책을 모색하는 것이 이 책의 목적이다. 필자가 알고 있는 심리기술을 총망라하여 이 책을 집필했다. 부디 마음껏 활용하기 바란다. 틀림없이 당신의 두 번째 인상은 좋아질 것이다.

첫인상에서 좋은 이미지를 주려고 노력하는 것은 필요하다. 하지만 너무 첫인상에 집착하다 보면 사람을 만나는 것이 두려워진다. 만나자마자 바로 호감을 사야 한다는 생각 때문에 그것이 부담이 되어 오히려 있는 그대로의 모습으로 사람을 만나기 어렵다.

'천천히 두 번째 인상으로 승부를 걸면 된다'고 편하게 마음

먹으면 긴장하지 않고 있는 그대로의 자신을 보여주면서 어필할 수 있다. 그러한 의미에서도 두 번째 인상으로 승부를 거는 것은 괜찮은 방법이라 하겠다.

인간관계라는 것은 그렇게 초조해하며 안달복달하지 않아도 된다. 천천히, 차분히 자신의 속도대로 친분을 쌓아가면 된다. '급할수록 돌아가라'는 말이 있듯이 찬찬히 자신의 매력을 보여주면 된다고 단순하게 생각하자.

이 책을 집필할 때 마이니치신문 출판편집부의 사이토 게이요씨에게 도움을 많이 받았다. 이 자리를 빌려 감사의 말을 전하고 싶다. '두 번째 인상'은 아직까지는 좀 낯선 테마여서 집필 의뢰를 받았을 때 적잖이 망설였다. 그의 격려에 힘입어 무사히 탈고할 수 있었다.

　마지막으로 독자 여러분에게도 감사의 말을 전하고 싶다.
끝까지 함께 해주어 정말 감사드린다.

Aronson, E., Willerman, B., & Floyd, J. (1966), The effect of a pratfall on increasing interpersonal attractiveness. Psychonomic Science, 4, 227~228.

Back, M. D., Schmukle, S. C., & Egloff, B. (2010), Why are narcissists so charming at first sight? Decoding the narcissism-popularity link at zero acquaintance. Journal of Personality and Social Psychology, 98, 132~145.

Braun, M. F., & Bryan, A. (2007), Female waist-to-hip and male waist-to-shoulder ratios as determinants of romantic partner desirability. Journal of Social Personal Relationships, 23, 805~819.

Broadstock, M., Borland, R., & Gason, R. (1992), Effects of suntan on judgments of healthiness and attractiveness by adolescents. Journal of Applied Social Psychology, 22, 157~172.

Buss, D. M., & Barnes, M. (1986), Preferences in human mate selection. Journal of Personality and Social Psychology, 50, 559~570.

Carton, A. M., & Aiello, J. R. (2009), Control and anticipation of social interruptions: Reduced stress and improved task performance. Journal of Applied Social Psychology, 39, 169~185.

Clark, R. A., Dockum, M., Hazew, H., Huang, M., Luo, N., Ramsey, J., & Spyrou, A. (2004), Initial encounters of young men and women: Impressions and disclosure estimates. Sex Roles, 50, 699~709.

Claxton, R., Vecchio, S. D., Zemanek, J. E. Jr., & Mcintyre, R. P. (2001), Industrial buyers' perception of effective selling. Psychological Reports, 89, 476~482.

Clore, G. L., Wiggins, N. H., & Itkin, S. (1975), Judging attraction from nonverbal behavior: The gain phenomenon. Journal of Consulting & Clinical Psychology, 43, 491~497.

Colman, A. M., Pulford, B. D., & Bolger, F. (2007), Asymmetric dominance and phantom decoy effects in games. Organizational Behavior and Human Decision Processes, 104, 193~206.

Corneille, O., Monin, B., & Pleyers, G. (2005), Is positively a cue or a response option? Warm glow us evaluative matching in the familiarity for attractive and not so attractive faces. Journal of Experimental Social Psychology, 41, 431~437.

Darby, B. W., & Schlenker, B. R.(1989), Children's reactions to transgressions: Effects of the actor's apology, reputation and remorse. British Journal of Social Psychology, 28, 353~364.

Derfus, P. J., Maggitti, P. G., Grimm, C. M., & Smith, K. G.(2008), The red queen effect: Competitive actions and firm performance. Academy of Management Journal, 51, 6180.

Donaghue, N., & Fallon, B.(2003) Gender-role self-stereotyping and the relationship between equity and satisfaction in close relationships. Sex Roles, 48, 217~230.

Filipowicz, A., Barsade, S., & Melwani, S.(2011), Understanding emotional transitions: The interpersonal consequences of changing emotions in negotiations. Journal of Personality and Social Psychology, 101, 541~556.

Fisher, S. R., & White, M. A.(2000), Downsizing in a learning organization: Are there hidden costs? Academy of Management Review, 25, 244~251.

Fletcher, G. J. O., Simpson, J. A., Thomas, G., & Giles, L.(1999), Ideals in intimate relationships. Journal of Personality and Social Psychology, 76, 72~89.

Flynn, F. J.(2003), How much should I give and how often? The effects of generosity and frequency of favor exchange on social status and productivity. Academy of Management Journal, 46, 539~553.

Frith, K. T., Cheng, H., & Shaw, P.(2004), Race and beauty: A comparison of asian and western models in women's magazine advertisements. Sex Roles, 50, 53~61.

Ganesan, S.(1994), Determinants of long-term orientation in buyer-seller relationships. Journal of Marketing, 58, 1~19.

Goodwin, C., & Ross, I.(1992), Consumer responses to service failures: Influence of procedural and interactional fairness perceptions. Journal of Business Research, 25, 149~163.

Gottman, J. M., & Krokoff, L. J.(1989), Marital interaction and satisfaction: A longitudinal view. Journal of Consulting and Clinical Psychology, 57, 47~52.

Grant, A. M., & Gino, F.(2010), A little thanks goes a long way: Explaining why gratitude expressions motivate prosocial behavior. Journal of Personality and

Social Psychology, 98, 946~955.

Hallowell, E. M. (1999), The human moment at work. Harvard Business Review, 77, 59~66.

Hankins, N. E., Mckinnie, W. T., & Bailey, R. C. (1979), Effects of height, physique, and cranial hair on job-related attributes. Psychological Reports, 45, 853~854.

Harrigan, J. A., Oxman, T. E., & Rosenthal, R. (1985), Rapport expressed through nonverbal behavior. Journal of Nonverbal Behavior, 9, 95~110.

Henagan, S. C., & Bedeian, A. G. (2009), The perils of success in the workplace: Comparison target responses to coworkers' upward comparison threat. Journal of Applied Social Psychology, 39, 2438~2468.

Hepper, E. G., Hart, C. M., & Sedikides, C. (2014), Moving narcissus: Can narcissists be empathic? Personality and Social Psychology Bulletin, 40, 1079~1091.

Horn, G., & Downey, J. L. (1990), Perception of expectancy effects. Psychological Reports, 67, 651~655.

Jehle, A., Miller, M. K., Kemmelmeier, M., & Maskaly, J. (2012), How voluntariness of apologies affects actual and hypothetical victims' perceptions of the offender. Journal of Social Psychology, 152, 727~745.

Jonason, P. K., Raulston, T., & Rotolo, A. (2012), More than just a pretty face and a hot body: Multiple cues in mate-choice. Journal of Social Psychology, 152, 174~184.

Kachalia, A., Kaufman, S. R., Boothman, R., Anderson, S., Welch, K., Saint, S., & Rogers, M. A. M. (2010), Liability claims and costs before and after implementation of a medical error disclosure program. Annals of Internal Medicine, 153, 213~221.

Kalliopuska, M. (2008), Personality variables related to shyness. Psychological Reports, 102, 40~42.

Kenrick, D. T., Neuberg, S. L., Zierk, K. L., & Krones, J. M. (1994), Evolution and social cognition: Contrast effects as a function of sex, dominance, and physical attractiveness. Personality and Social Psychology Bulletin, 20,

210~217.

Kiesler, S., Siegel, J., & McGuire, T. W. (1984), Social Psychological aspects of computermediated communication. American Psychologist, 39, 1123~1134.

Kim, P. H., Ferrin, D. L., Cooper, C. D., & Dirks, K. T. (2004), Removing the shadow of suspicion: The effects of apology versus denial for repairing competence-versus integrity-based trust violations. Journal of Applied Psychology, 89, 104~118.

Klapwijk, A., & Van Lange, P. A. M. (2009), Promoting cooperation and trust in "Noisy" situations: The power of generosity. Journal of Personality and Social Psychology, 96, 83~103.

Kwon, S., & Weingart, L. R. (2004), Unilateral concessions from the other party: Concession behavior, attributions, and negotiation judgments. Journal of Applied Psychology, 89, 263~278.

Langer, E., Blank, A., & Chanowitz, B. (1978), The mindlessness of ostensibly thoughtful action: The role of "placebic" information in interpersonal interaction. Journal of Personality and Social Psychology, 36, 635~642.

Legg, A. M., & Sweeny, K. (2014), Do you want the good news or the bad news first? The nature and consequences of news order preferences. Personality and Social Psychology Bulletin, 40, 279~288.

McElroy, J. C., & Crant, J. M. (2008), Handicapping: The effect of its source and frequency. Journal of Applied Psychology, 93, 893~900.

Mogilski, J. K., Wade, T. J., & Welling, L. L. M. (2014), Prioritization of potential mates' history of sexual fidelity during a conjoint ranking task. Personality and Social Psychology Bulletin, 40, 884~897.

Morris, J. R., Cascio, W. F., & Young, C. E. (1999), Questions and answers about sho did it, how many did it and who benefited from it. Organizational Dynamics, Winter, 78~87.

Muehlenhard, C. L., & Hollabaugh, L. C. (1988), Do women sometimes say no when they mean yes? The prevalence and correlates of women's token resistance to sex. Journal of Personality and Social Psychology, 54, 872~879.

Mueser, K. T., Grau, B. W., Sussman, S., & Rosen, A. J. (1984), You're only as pretty as you feel: Facial expression as a determinant of physical attractiveness. Journal of Personality and Social Psychology, 46, 469~478.

Munichor, N., & Rafaeli, A.(2007), Numbers or apologies? Customer reactions to telephone waiting time fillers. Journal of Applied Psychology, 92, 511~518.

Park, B.(1986), A method for studying the development of impressions of real people. Journal of Personality and Social Psychology, 51, 907~917.

Przybylski, A. K., & Weinstein, N.(2012), Can you connect with me now? How the presence of mobile communication technology influences face-to-face conversation quality. Journal of Social and Personal Relationships, 30, 237~246.

Reid, C. A., Davis, J. L., & Green, J. D.(2013), The power of change: Interpersonal attraction as a function of attitude similarity and attitude alignment. Journal of Social Psychology, 153, 700~719. Simonton, D. K.(1992), The social context of career success and course for 2,026 scientists and inventors. Personality and Social Psychology Bulletin, 18, 452~463.

Skarlicki, D. P., Folger, R., & Gee, J.(2004), When social accounts backfire; The exacerbating effects of a polite message or an apology on reactions to an unfair outcome. Journal of Applied Social Psychology, 34, 322~341.

Sylwester, K., & Pawlowski, B.(2011), Daring to be darling: Attractiveness of risk takers as partners in long-and short-term sexual relationships. Sex Roles, 64, 695~706.

Valenzuela, A., Mellers, B., & Strebel, J.(2010), Pleasurable surprises: A cross-cultural study of consumer responses to unexpected incentives. Journal of Consumer Research, 36, 792~805.

Vonk, R.(1993), The negativity effect in trait ratings and in open-ended descriptions of persons. Personality and Social Psychology Bulletin, 19, 269~278.

Vonk, R.(1998), The slime effect: Suspicion and dislike of likeable behavior toward superiors. Journal of Personality and Social Psychology, 74, 849~864.

Walther, J. B., Slovacek, C. L., & Tidwell, L. C.(2001), Is a picture worth a thousand words? Communication Research, 28, 105~134.

White, G. L. (1980), Inducing jealousy: A power perspective. Personality and Social Psychology Bulletin, 6, 222~227.

Williams, L. E., & Bargh, J. A. (2008), Experiencing physical warmth promotes interpersonal warmth. Science, 322(5901), 606~607.

Wolff, H. G., & Moser, K. (2009), Effects of networking on career success: A longitudinal study. Journal of Applied Psychology, 94, 196~206.